생명이 빛나는 순간

풍자개의 『호생화집護生畫集』

지은이

풍자개 豐子愷, Feng Zikai

중국의 작가이자 화가, 만화가, 예술이론가, 예술교육가, 번역가. 1898년 11월 9일 절강성 석문현 옥계진에서 태어났다. 서당에서 공부할 때부터 그림 솜씨가 뛰어나 '어린 화가'로 이름을 날렸다. 절강성 제일사범학교에 입학해 이숙동(李叔同, 홍일법사)·하면존(夏丏尊)의 영향으로 문예의 길을 걷기 시작했다. 1927년 제일사범학교의 스승이었던 홍일법사를 따라 불문에 귀의했다. 법명은 영행(嬰行)이다. 이후 국립예술전문학교 교수와 중국미술협회 상무이사, 상해미술가협회 부주석을 역임했다. 1975년 9월 15일 폐암으로 사망했다.

옮긴이

박동욱 朴東昱, Pak Dong-uk

한양대학교 인문과학대 교수이자 늘 새로운 학술 주제를 발굴하고 연구하는 한문학자이다. 『라쁠륨』을 통해 등단한 현대시 작가이기도 하다. 한문학을 학술적으로 엄밀히 연구하면서도, 그 문학성에 주목해 쉽고 편안한 문체로 풀어내 독자들에게 고전의 재미와 의미를 전하고 있다. 지은 책으로 『하루 한편 우리 한시』, 『처음 만나는 한시, 마흔여섯 가지 즐거움』, 『조선의 좌우명』, 『중년을 위한 명심보감』, 『눈썹을 펴지 못하고 떠난 당신에게』, 『그렇게 아버지가 된다』, 『너보다 예쁜 꽃은 없단다』, 『살아있는 한자 교과서』(공저) 등이 있고, 옮긴 책으로는 『눈 내린 길 함부로 걷지 마라-산운집』, 『승사록, 조선 선비의 중국 강남 표류기』, 『혜환 이용휴 시전집』(공역), 『혜환 이용휴 산문전집』(공역), 『북막일기』(공역) 등이 있다.

풍자개 수필집 04
생명이 빛나는 순간 풍자개의 『호생화집(護生畵集)』

초판발행 2025년 11월 30일

지은이 풍자개
옮긴이 박동욱

펴낸이 박성모
펴낸곳 소명출판
출판등록 제1998-000017호
주소 서울시 서초구 사임당로14길 15 서광빌딩 2층
전화 02-585-7840
팩스 02-585-7848
이메일 somyungbooks@daum.net
홈페이지 www.somyong.co.kr

ISBN 979-11-7549-017-8 03820
정가 17,000원

ⓒ 박동욱, 2025

잘못된 책은 구입처에서 바꾸어드립니다.
이 책은 저작권법의 보호를 받는 저작물이므로 무단전재와 복제를 금하며,
이 책의 전부 또는 일부를 이용하려면 반드시 사전에 소명출판의 동의를 받아야 합니다.

풍자개
수필집
04

생명이
빛나는 순간

풍자개의 『호생화집』

풍자개 지음
박동욱 옮김

Collected Works of Feng Zikai by Feng Zikai
Copyright ⓒ DOLPHINBOOKS, 2016
Korean translation edition ⓒ Somyung Publishing, 2024
All rights reserved.

이 책의 한국어판 저작권은 풍자개의 유족 양자운(楊子耘)과
직접 계약한 소명출판에 있습니다.
저작권법에 의해 한국 내에서 보호를 받는 저작물이므로
어떠한 형태로든 무단전재와 무단복제를 금합니다.

역자 서문_ 살아있어 위대하다*

1. 붓과 마음의 구도자, 펑츠카이

펑츠카이豊子愷, 1898~1975는 중국의 저명한 화가이자 문학가이다. 불교적 세계관과 예술적 감수성을 융합하여 독창적인 작품 세계를 구축했다. 문학, 미술, 음악 등 다양한 예술 분야에서 활동하였으며, 특히 불교 사상을 반영한 다수의 예술작품을 남겼다.

그는 1898년 중국 저장성浙江省 퉁샹桐鄉에서 태어났다. 어린 시절부터 예술에 높은 관심을 보였다. 후에 상하이 미술학교에서 서양화와 중국화를 함께 공부하였고, 일본 유학을 통해 서구 미술 기법을 접하여 이를 중국화中國畵와 결합했다. 그의 그림에는 서양화, 중국화, 일본 유학 체험이 뒤섞인 독특한 화풍을 발견할 수 있다.

펑츠카이의 사상적 전환은 1927년 홍일법사弘一法師,

---

* 해제 작성에 여러 권의 중국 책과 논문을 참고했으나, 일일이 적시하지 않는다.

1880~1942와의 만남을 계기로 이루어졌다. 홍일법사는 원래 명망 높은 예술가이자 법률가였으나, 후에 출가하여 불교에 귀의한 인물이었다. 그의 영향으로 펑츠카이는 불교 사상에 심취하게 되었으며, 이후 그의 예술작품에도 불교적 주제가 적극적으로 반영되기 시작했다. 그는 대승불교의 "일체중생개유불성一切衆生皆有佛性" 사상을 바탕으로, 인간뿐만 아니라 동물과 자연까지도 존중해야 한다는 윤리적 가치를 강조하였다.

2. 『호생화집』 – 생명, 사랑, 자비의 예술

1) 『호생화집』의 탄생 배경

1920년대 펑츠카이는 중국 근대 미술 교육에 힘쓰며, 예술을 통한 사회적 메시지 전달에 주력했다. 앞서 언급한 홍일법사와의 만남 이후 그의 예술 세계는 완전히 달라졌다. 펑츠카이는 홍일법사의 권유로 『호생화집』 제작을 시작했다. 『호생화집』의 시문詩文은 홍일법사, 마이푸馬一浮, 리위안징李圓淨, 샤디앤쥔夏丏尊 등 불교학자 및 문인들이 공동 집필하였으며, 작품마다 짧은 시문詩文과 그에 어울리는 회화가 삽입되어 있다. 1929년 초집初集 출간 이후 총 6집에 걸쳐

완성되었으며, 그의 생애 동안 지속해서 발전했다.

『호생화집』은 불교 사상을 토대로 한 생명 존중 메시지를 전달하는 작품이다. 장면마다 동물, 자연, 인간이 조화롭게 공존하는 모습을 짧은 시문과 함께 담아냈다. 그는 "호생즉호심護生即護心" ― 곧 생명을 보호하는 것이 자신의 마음을 보호하는 것이라는 불교적 사상 ― 을 강조하였다.

펑츠카이의 작품은 단순한 예술 창작을 넘어 불교 윤리를 시각화한 사례라고 말할 수 있다. 그의 예술은 오늘날 환경 보호와 동물 복지, 생명 존중 사상과도 연결된다. 특히 『호생화집』은 인간 중심적 세계관을 넘어서 생태적 공존을 강조한다. 그의 작품은 단순한 미술 작품 이상의 철학적·윤리적 메시지를 담고 있다.

2) 작품의 형식과 구성

『호생화집』은 한 면에는 호생護生과 관련된 시문을, 다른 한 면에는 호생과 관련된 그림을 배치했다. 모두 450폭의 호생화와 450편의 시문으로 구성되며, 펑츠카이는 그림뿐 아니라 출판 과정에서도 중요한 역할을 수행했다.

각 판본은 시대와 사회 변화에 따라 메시지에 차이가 있다. 초집과 속집은 불교적 생명 존중 사상을 강조하지만,

이후 판본들은 전쟁과 사회 변동을 반영해 현실적 메시지를 강화한다. 마지막 6집은 『호생화집』의 정수를 집대성하는 작품이다.

초집부터 6집까지 자료 분석 결과, 양적 변화뿐 아니라 내용 특성 변화도 나타난다. 초기에는 짧은 이야기 위주이나, 후기로 갈수록 서사 깊이와 철학적 성찰이 심화된다. 특히 3집 이후부터 등장인물 성격 묘사가 정교해지고 주제의식도 깊어진다.

3) 핵심 사상과 철학적 배경

『호생화집』의 핵심 사상은 네 가지로 요약된다.

첫째, "호생즉호심" 개념으로 생명을 보호하는 것이 곧 마음을 보호하는 것임을 제시한다.

둘째, 불교의 평등·자비 정신을 바탕으로 모든 생명체가 불성을 지닌 존재임을 강조하며, 인간과 동물 간 경계를 허문다.

셋째, 인간 고유의 자비와 측은지심을 통해 일상 속 작은 선행으로 생명 존중 실천을 권장한다.

넷째, 생태 보전과 평화로운 공존의 이상을 제시하며 인간과 자연이 조화롭게 살아가는 세계를 지향한다.

『호생화집』은 불교 경전이나 문헌을 많이 차용했으며, 특히 대승불교 화엄경 사상과 자비 사상을 근간으로 한다. 이러한 철학 배경 덕에 작품은 순수 예술을 넘어 불교 교화서 성격을 지닌다.

『호생화집』 변화는 단순한 이야기 모음집에서 체계적이고 철학적인 문학작품으로 발전하는 과정을 보여준다. 초기에는 도덕적인 교훈이 중심이나, 점차 사회 비판적 성격과 정교한 인물·구조가 두드러진다.

3. 『호생화집』의 주제 의식과 현대적 의의

『호생화집』에 실린 산문과 시가는 다양한 주제를 포괄하며 여러 범주로 분류된다. 『호생화집』은 다음과 같은 여섯 가지 주제적 특징을 지닌다.

첫째, 인간과 동물을 동등한 생명체로 인식하며, 존재의 위계 없이 모두가 존중받아야 할 대상으로 그린다는 점에서 '동물과 인간의 평등한 관계'를 강조한다.

둘째, 자비심은 특별한 상황에서 발휘되는 것이 아니라 누구나 실천할 수 있는 일상적 윤리라는 점에서 '일상 속

자비의 실천'을 강조한다.

셋째, 벌레 한 마리를 살리고, 짓밟힐 위기의 달팽이를 옮겨주는 등 구체적인 장면을 통해 '생명 존중의 구체적 사례들'을 제시하며, 독자들에게 깊은 감동을 준다.

넷째, 불교 대승 사상에 기반하여 모든 중생이 불성을 지니고 있다는 관점에서 '불교적 생태 윤리의 구현'을 추구한다.

다섯째, 동물이나 작은 생명에 감정을 이입하고 그 고통을 자신의 고통처럼 여기는 태도를 통해, 유가의 '측은지심'과도 연결되는 '감정 이입의 미학'을 보여준다.

여섯째, 인간이 자연을 지배하거나 파괴하는 존재가 아니라, 함께 공존하고 조화를 이루어야 한다는 '평화로운 공존의 이상'을 작품 전반에 걸쳐 제시하고 있다.

이처럼 『호생화집』은 단순한 산문집이 아니라 다층적이고 심층적인 가치를 지닌 작품이다. 이 책은 전통 문학 형식을 유지하면서도, 시대적 변화와 요구를 반영한 독창적인 문학작품으로 평가된다. 전통과 근대를 아우르고, 유교적 가치와 새로운 시대의 윤리를 동시에 담아낸 문학적 시도이기도 하다.

요즘 반려동물에 관한 관심이 커졌지만, 인간에 대한

혐오가 동물에 대한 사랑으로 바뀌는 게 아니라, 인간에 대한 사랑이 동물로, 더 나아가 모든 살아 있는 것에 대한 경외로 넓혀지기를 바란다. 모든 살아 있는 것에 경외감을 느낀다면 인간이나 다른 동식물에 대해서 함부로 할 수는 없을 것이다.

이 책은 이미 5년 전에 번역을 마쳤으나, 여러 출판사에서 저작권 문제를 해결하지 못해서 출간을 포기하고 있었다. 소명출판 박성모 사장님과 홍승직 교수님의 도움이 없었다면 출간되기 쉽지 않았을 것이다. 두 분께 진심으로 감사드린다.

내 아들 유안이가 중학교 2학년이 되었다. 유안이가 이 책의 그림과 글을 보고 세상에 대한 따뜻한 마음과 살아 있는 것에 대한 경외를 갖길 바라며, 아들에게 들려주는 심정으로 한 편 한 편 번역했다. 쉰을 넘기고 예순을 앞둔 지금 나를 위로해주는 글귀를 적으며 글을 마친다.

"제자들이여 힘써 공부하라, 하늘이 잊지 않으리라[弟子勉學 天不忘也]"

2025년 8월 4일 역자가 쓰다

차례

풀과 꽃의 공존법	15	길 막힌 개미들	77
생명을 존중하는 덕	17	조개 줍는 아이	81
덕화의 세 가지 기적	21	이름 속 진실	85
7대가 함께 산 가문의 기적	25	벗어날 수 없는 운명	87
호랑이와의 약속	27	물고기의 운명	89
개미 다리가 바꾼 운명	31	상처 입은 동료	91
정소를 구한 충견, 첫 번째 이야기	35	절름발이 개	95
		굶주린 여치	99
양포를 구한 영특한 개, 두 번째 이야기	37	소의 헌신	103
		흰 토끼의 기도	107
편지 배달견 황이, 세 번째 이야기	39	양털의 댓가	111
		좋은 봄경치	115
주선생을 위해 복수한 개	41	고요한 봄날	117
유초의 목숨을 구한 의견, 다섯 번째 이야기	43	복을 가져다 주는 박쥐	119
		비 속에 찾아온 벗	121
장표의 무덤을 지킨 충견, 여섯 번째 이야기	45	나비의 약속	123
		중추절의 비극	125
진실을 밝힌 앵무새	47	미명의 착각	127
기러기의 몸값	51	갇힌 영혼의 노래	129
정의의 심판	53	날개 없는 비애	131
진범을 찾아낸 돼지	55	당당한 거위의 개선	133
은혜에 보답한 코끼리	59	그네와 꿀벌	135
돼지의 복수	63	가을을 그리워하는 노래	137
새로 온 제비	65	새둥지를 뒤집다	139
개미의 운명	69	오르막 길의 자비	141
창문을 열어주다	71	영원한 속박	143
우리 아기 돌려주세요	75	길 잃은 작은 생명	145

작은 생명의 발견	149	재혼을 거부한 비둘기	215
꺾이지 않는 생명력	153	새끼를 잃은 어미 양	217
한 무더기의 나팔꽃	155	새끼 잃은 어미개	219
꽃병 속의 삶	157	새끼를 위한 학의 희생	221
기와 틈에 핀 풀	161	어미 새의 전송	223
갈 곳 잃은 넝쿨	165	죽은 새를 데려간 새들	225
산행객의 무심한 발길	167	두 가지 희귀한 일	227
생명의 끈질긴 의지	171	눈 속에서 지킨 생명	229
약육강식의 세계	173	고양이의 보답	231
먼저 사람을 구하라	175	변함없는 학의 인연	233
생명의 이치	179	영리한 새의 귀가술	237
어미를 그리는 말	181	개의 편지 배달	239
어미를 장사지낸 개들	183	학의 편지 배달	241
어린 개의 용기	185	비둘기의 편지 배달	243
원숭이 새끼의 효심	187	기러기가 전한 비밀 서신	245
까마귀가 어미를 먹이다	189	자연의 시계	247
어미의 기운을 알다	191	효자를 인도한 사슴	249
의로운 사슴의 무덤	193	쥐 떼를 부리는 은자	251
도둑을 잡은 말	195	흙을 물어온 까마귀들	253
범인을 찾아낸 개	197	삼십 년을 날아온 제비	255
독사에 물려 죽은 개	199	위기에서 보여준 말의 지혜	257
충직한 열세 마리 고양이	201	말이 주인을 구하다	259
의리 깊은 반려 거위	203	사람을 구해낸 충직한 개	261
황제를 지킨 신비로운 구렁이	205	제비들의 협력	263
헤어진 학들의 재회	207	도둑을 쫓아낸 새	265
끓는 물에 몸을 던진 원앙	209	가시를 뽑아준 은혜	267
기러기의 애절한 사랑	211	부인을 놓아준 호랑이	269
짝 잃은 기러기의 슬픔	213	호랑이와 맺은 우정	271

토끼를 물어온 개	273	아미타불을 외우는 물고기	329
목숨을 구해준 쥐들	275	태곳적을 기억하는 학의 증언	331
학이 물어온 구슬	277	스승이 된 닭	333
도둑을 막은 큰 물고기	279	뱀의 계시로 발견한 용석금	335
구슬을 선물로 준 뱀	281	닭이 구해준 목숨	337
은혜를 갚은 파리	283	20년을 버틴 거북	339
예의를 알고 있는 새끼 양	285	뱀장어의 신비로운 음성	341
절하는 양	287	호랑이의 출산을 돕다	345
재주 많은 원숭이 신사	289	운명을 아는 돼지	347
완벽한 화음을 이룬 듀엣	291	우편배달부 개	349
주인의 재산을 지킨 개	293	닭의 경고를 무시한 비극	351
곰의 출현이 예고한 재앙	295	오리 알로 같은 산배 냥	353
위험을 감지한 사슴	297	화음을 이해하는 개	355
주인의 목숨을 구한 말	299	청개구리의 영혼	357
경문에 귀 기울인 말	301	자비로운 행동의 보답	359
소의 예지 능력	303	계란이 목숨을 빌다	361
충직한 개의 경고	305	개들의 형제애	363
개과천선한 개	307	옛 주인을 그리워한 말	365
잘못을 기억하는 개	309	어미 사슴의 애절한 울음	367
늙은 말의 지혜	311	까마귀가 구한 황후	369
낙타의 지혜	313	거미의 배려	371
바위 위의 영물	315	짝을 그리워하는 앵무새	373
문자를 익힌 학	317	충직한 누렁이 전령	375
자유를 얻은 앵무새	319	효심에 감동한 호랑이	377
서방정토로 간 앵무새	321	모두 모여야 밥을 먹는 개	379
불법에 귀의한 영물	323	애틋한 재회	381
불법에 귀의한 장수 거위	325	배 속 새끼를 보호한 장어	383
스님을 그리워한 닭	327		

干不知名异似兰

풀과 꽃의 공존법 [草不知名略似蘭]

윤사촌尹似村의 「소원절구小園絕句」에 이르기를 "봄풀은 저절로 자라나 베어내도 없애지 못하지만, 꽃과 서로 방해되지 않는다면 많아도 무방하네"라 하였으니, 사마온공의 "발걸음만 방해하지 않으면 풀도 베지 않는다"는 말에서 드러나는 너그러운 기상을 깊이 체득한 것이다.

(『수원시화隨園詩話』에 보인다.)

尹似村「小園絕句」云:"春草自來芟不盡, 與花無礙不妨多." 深得司馬溫公所云"草非礙足不芟"包容氣象. (見『隨園詩話』)

騶虞

毛詩傳疏云 騶虞
義獸也 白虎黑文
尾長於身 不食
生物 不履生草
有至信之德

생명을 존중하는 덕[騶虞(『毛詩傳疏』云: "騶虞, 義獸也. 白虎黑文, 尾長于身, 不食生物, 不履生草, 有至信之德.")]

여남汝南의 주옹周顒이 노강蘆江 하씨에게 보낸 편지에서 그에게 채식을 권한 내용은 다음과 같다.

"변화 중 가장 큰 것은 죽음과 삶보다 더한 것이 없으며, 삶에서 소중한 것은 목숨보다 더한 것이 없나이다. 생명은 그들에게 지극히 간절하나, 맛은 잠시 미뤄 둘 수 있습니다…… 어르신께서 동물을 직접 해치시진 않으나, 새벽 오리와 밤의 잉어는 도살장에서 마련하지 않을 수 없으니, 도적의 손을 거친 재물이라면 청렴한 이가 버릴 터인데, 생명이 한 번 도살하는 칼을 만나면, 어찌 다시 자비로운 마음이 참을 수 있겠습니까? 추우는 비록 굶주려도 스스로 죽은 풀 아니면 먹지 않사오니, 그 풍모를 들은 자가 어찌 크게 부끄러워하지 않겠습니까!"

어르신께서는 평소 이런 마음을 가지고 계셨기에, 간단한 말로 일깨워드릴 뿐입니다.

(『남사南史』에 보인다.)

汝南周顒與蘆江何某書, 勸令菜食曰: "變之大者, 莫過

騶虞

毛詩傳疏云：騶虞
義獸也白虎黑文
尾長扵身不食
生物不履生草
有至信之德

死生,生之所重,無逾性命.性命之于彼極切,滋味之在我可賒.……丈人于血氣之類,雖不身踐,至于晨梟夜鯉,不能不取備屠門.財貝之經盜手,猶爲廉士所棄,生性之一啟鑾刀,寧復慈心所忍?騶虞雖饑,非自死之草不食.聞其風者,豈不使人多愧!"丈人得此有素,聊復片言發起耳.(見『南史』)

何不捕之

老僧名十守今年七佳化名诗不作利别荊河由中木卉同之起见不觉隂佳人化康之荼随在阶陌侯堂来下有桂迎山玉方守百也童美人曰先何不捕之也言埤方捺継美人彩黑也起其条洪曰西方左年欲案者之这年今坊工彩洗世一華也以后息欣州三華也坠上有仁心世三善也大面佳桂賢方午远亭美十状
子也

덕화의 세 가지 기적 [何不捕之]

노공魯恭이 중뢰령中牢令이 되었다. 그는 오로지 덕으로 교화하는 것을 다스림의 근본으로 삼아 형벌에만 의존하지 않았다. 하남윤河南尹 원안袁安이 이를 듣고 사실인지 의심하여 몰래 사람을 보내 살펴보게 했다.

노공이 밭둑을 따라 걸으며 뽕나무 아래 함께 앉았을 때, 꿩 한 마리가 지나가다 그 곁에 멈추었다. 옆에는 아이들이 있었다. 조사하던 사람이 물었다.

"얘들아, 왜 꿩을 잡지 않니?"

아이들이 대답했다.

"이 꿩은 지금 새끼를 데리고 있어요."

그 사람이 깜짝 놀라 일어나 노공에게 작별을 고하며 말했다.

"제가 여기 온 까닭은 그대의 정치를 살펴보려 함이었습니다. 이제 메뚜기가 고을을 침범하지 않는 것이 첫 번째 기이한 일이고, 교화가 날짐승에게까지 미친 것이 두 번째 기이한 일이며, 어린 아이들마저 어진 마음을 가진 것이 세 번째 기이한 일입니다. 오래 머물러봐야 현자를 번거롭게 할 뿐입니다."

何不捕之

그는 관청으로 돌아가 원안에게 상황을 자세히 보고했다.

(『후한서後漢書』에 실려 있다.)

魯恭爲中牟令. 專以德化爲理, 不任刑罰. 河南尹袁安聞之, 疑其不實, 陰使人往廉之. 恭隨行阡陌, 俱坐桑下. 有雉過, 止其旁, 旁有兒童. 其人曰, "兒何不捕之?" 兒言, "雉方將雛." 其人瞿然而起, 與恭訣曰, "所以來者, 欲察君之政跡耳. 今蝗不犯境, 此一異也; 化及鳥獸, 此二異也; 豎子有仁心, 此三異也. 久留徒擾賢者耳." 還府, 具以狀白安. (見『後漢書』)

郭世傳太原人家門雄
睦七世同居犬豕同乳
鳥鵲同巢時人以為義
感之應 丑秋書 豐子愷

犬豕同乳圖

7대가 함께 산 가문의 기적[犬豕同乳圖]

태원太原 출신의 곽세준郭世俊은 가문이 화목하여 7대가 한집에서 살았다. 그런데, 이 집안에서는 개와 돼지가 같은 어미에게 젖을 먹고, 까마귀와 까치가 한둥지에서 살았다. 당시 사람들은 이것이 인의仁義의 기운이 하늘에 감응하여 나타난 상서로운 징조라고 여겼다.

(『위서魏書』에 실려 있다.)

郭世俊, 太原人, 家門雍睦, 七世同居. 犬豕同乳, 烏鵲同巢. 時人以爲義感之應. (見『魏書』)

縱虎

貞元十四年，中州支使為畫譚人州故士微大使德甫具有生平丁某善為障寧一兩隆背中心方波油畫虎盤背中屏隆說丁丁老之口角若牢鞾筆速越此土則大放此屏頭，忽以偏引丁出莖疾十字寧屏化出虎迸鄉陵州捕山逸自逶屋虎屏落山特善畫此尚為使誠文感曲技手

호랑이와의 약속[縱虎]

정원貞元 14년, 신주申州에는 호랑이가 많아 대낮에도 사람을 해쳤다. 주자사州刺史 왕징王徵이 대대적인 호랑이 사냥을 명하였다. 그 휘하에 늙은 병사 정씨가 있었는데, 함정을 잘 만들었다. 어느 날 호랑이 한 마리가 함정에 빠졌다.

정씨가 술에 취해 함정을 내려다보다 자신도 그 안에 떨어졌다. 호랑이가 정씨를 노려보자, 정씨가 말했다.

"네가 만약 네 무리를 데리고 이곳을 떠난다면, 내가 너를 죽이지 않겠다."

호랑이가 고개를 끄덕였다. 사람들이 밧줄로 정씨를 끌어올리고, 함정을 흙으로 메우자 호랑이가 밖으로 나와 힘차게 뛰어오르며 울부짖더니 사라졌다.

이후로 호랑이 무리가 모두 사라져서, 산과 들이 평온해졌다. 이는 바로 신의信義가 서로 감응한 결과였다.

(좌충지左沖之의 『술이기述異記』에 실려 있다.)

貞元十四年, 申州多虎, 白晝噬人. 州牧王徵大修擒虎. 其有老卒丁某善爲陷阱. 一虎墜阱中. 丁方被酒, 俯視, 亦墜阱中. 虎瞪視丁, 丁告之曰, "爾若率群輩, 遠離此土, 則不殺

從虎

自元十四年中州多虎為害為人卅放上
牧之者擒捕長者有生於丁集去為浮軍
一兩陸軍少丁方派網伺放之陸軍中年
燈既丁丁老之自爾若年好草進姐世土
则石枝此居頭之孩之伸引丁出至岐上之寓
再為古底迎郷膝中喃公逆自又年虎年站
山挤善呈其此為松此文成此故年

汝." 虎頷之. 衆以繩引丁出, 幷填土于阱, 虎乃出, 奮迅躑騰, 叫嘯而逝. 自是群虎屛跡, 山野晏然矣. 此乃信誠交感所致耳. (見左沖之,『述異記』)

救蟻

개미 다리가 바꾼 운명 [救蟻]*

북송 시대, 두 송씨 형제인 송교宋郊와 송기宋祁가 어릴 적, 한 호승胡僧이 그들을 보고 예언하였다.

"소송小宋,송기은 과거에서 천하의 으뜸이 될 것이고, 대송大宋,송교도 갑과甲科에는 오를 것이오."

십여 년 후, 대송이 다시 그 승려를 만났다. 승려가 깜짝 놀라며 말했다.

"공의 풍채가 예전과 달라졌으니, 이제 수백만 생명을 구할 수 있을 것이오."

대송이 웃으며 말했다.

"가난한 선비가 어찌 그런 능력이 있겠습니까?"

승려가 말했다.

"공은 깊이 생각해 보시오."

대송이 한참을 곰곰이 생각한 끝에 말했다.

"열흘 전 당 아래 개미굴이 폭우에 잠기려 하여, 제가 장난삼아 대나무를 엮어 다리를 만들어 개미들을 건네 주었습니다. 이로 말미암아 개미의 생명이 온전히 보존되었

---

* 『호생화집』에는 "小宋果中道選憲章, 太后當朝"로 나오지만 의미가 통하지 않아서, "小宋果中首選, 憲章太后當朝"로 수정한다.

救蟻

으니 이 일을 말씀하시는 것이 아니겠습니까?"

승려가 말했다.

"그렇소. 소송은 금년에 정말 장원에 오를 것이오. 그러나 공의 순위도 결국 소송 아래에 있지 않을 것이오"

이후 과거 발표 날이 되었는데, 송기가 장원에 올랐으나, 수렴청정하던 헌장태후憲章太后가 "형제 간에 서열이 있어야 한다"라 하여 송교를 1등으로, 송기를 10등으로 조정하셨다. 이에 모두 승려의 예언이 허튼 소리가 아님을 깨달았다.

(이원강李元綱의 『후덕록厚德錄』에 실려 있다.)

二宋(宋郊、宋祁)幼時有胡僧見而謂曰, "小宋當魁天下, 大宋亦不失甲科." 後十餘年, 大宋又遇僧. 僧驚曰 : "公風神異昔, 能活數百萬命者." 宋笑曰 : "貧儒何力及是!" 僧曰 : "公試思之." 大宋俯思良久曰 : "旬前, 堂下有蟻穴, 爲暴雨所侵, 吾戲編竹爲橋, 以渡群蟻, 由是蟻命獲全, 得非此乎?" 僧曰 : "是也. 小宋今歲固當首捷, 然公終不出小宋下." 比唱第, 小宋果中首選, 憲章太后當朝, 謂不可以弟先兄, 乃大宋爲第一, 小宋爲第十. 始信僧不妄. (見李元綱, 『厚德錄』)

傳燭帝時閬中太守鄧記者一犬情
愛過于諸有仇家薛元周候日故殺記
未得其便一日詣時出犬掞衣不放詣思
令人博大于挂出大門犬擊噬紀匆走伏前
找諸衣不令去記其之犬悬哮吠跳身出咬
殺元周語掞元周衣下呆歲百桎劍
見薛用豹集異記

李意書

靈犬一

정소를 구한 충견, 첫 번째 이야기[靈犬―]

수양제^{隋煬帝} 때에 민중 태수^{閩中太守}인 정소^{鄭韶}가 개 한 마리를 길렀는데, 자식보다도 더 사랑하였다. 정소에게는 원수인 설원주^{薛元周}가 있었는데, 칼을 품고 정소를 죽이려 하였으나 그 기회를 얻지 못하였다. 어느 날 정소가 장차 외출하려는데 개가 옷을 끌어당겨 가지 못하게 했다. 정소가 화가 나서 사람을 시켜 개를 기둥에 묶어 놓게 하고 대문을 나갔다. 개가 줄을 끊고 달려와서 이전처럼 정소의 옷자락을 잡아 당겨서 떠나지 못하게 하자, 정소가 이상하게 여겼다. 개가 갑자기 크게 짖으며 몸을 날려 뛰어나가 설원주를 물어 죽였다. 정소가 설원주의 옷 속을 수색해 보니, 과연 숨겨둔 단검이 있었다.

(설용약^{薛用弱}의 『집이기^{集異記}』에 실려 있다.)

隋煬帝時, 閩中太守鄭韶養一犬, 憐愛過子. 韶有仇家薛元周, 懷刃欲殺韶, 未得其便. 一日, 韶將出, 犬拽衣不放. 韶怒, 令人縛犬于柱, 出大門. 犬掣斷繩而走, 依前拽韶衣不令去, 韶異之. 犬忽嗥吠, 跳身出, 咬殺元周. 韶搜元周衣下, 果藏有短劍. (見薛用弱,『集異記』)

唐时杨袞旅游客居宋城家畜一犬甚爱之袞放技犬名银犬如袞挑其前足袞与之犬畔恰年饮袞妻有外遇与外男合谋杀袞某夜袞醉外男怀刃入室犬咬伤其足哀伤袞妻走袞醒西捉之得以告官真也外事皆墨法

畫犬二

양포를 구한 영특한 개, 두 번째 이야기[靈犬二]

당唐나라 때 양포楊褒가 객지에서 떠돌다가 친척 집에 머물렀다. 친척의 집은 가난해서 손님을 대접할 것이 없어, 개를 잡아 음식으로 대접하려 했다. 개가 양포를 향해 앞발로 무릎을 꿇자 양포가 이상히 여겨 그 개를 달라고 청하여 데려갔다. 일 년 남짓 지났을 때, 양포의 아내에게 외간남자가 있었는데, 그자와 함께 공모하여 양포를 죽이려 했다. 어느 날 밤 양포가 잠들어 있을 때 외간남자가 칼을 품고 방으로 들어오자, 개가 그의 발을 물어 상처를 입히고, 또 양포의 아내 발도 물어 상처를 냈다. 양포가 잠에서 깨어 수색해보니 칼을 발견하고는 관청에 고발하여, 아내와 외간남자가 모두 법에 따라 처벌받았다.

(설용약薛用弱의 『집이기集異記』에 실려 있다.)

唐時楊褒, 旅遊客戚家. 戚家貧, 無以供客, 欲殺犬爲饌. 犬向褒跪其前足, 褒異之, 乞犬歸. 居年餘, 褒妻有外遇, 與外男合謀殺褒. 某夜褒睡, 外男懷刃入室, 犬咬傷其足, 又咬傷褒妻足. 褒醒而搜之, 得刃告官, 妻與外男皆置法. (見薛用弱, 『集異記』)

晉陸機畜一犬口黃耳機官京師久畱
家信機語犬口汝能齎書如北消息否犬
喜搖尾機作書盛以竹筒繋犬頸犬出驛路
晝夜徑歸取答書歸人行半逾王句犬徑
三旬徑犬死機葬之人呼為黃耳塚
兄左伸之迷華化 龎熏書

壹犬三

편지 배달견 황이, 세 번째 이야기 [靈犬三]

진晉나라 육기陸機가 한 마리 개를 길렀는데 황이黃耳라고 했다. 육기가 수도 낙양에서 관직을 맡고 있었는데, 오랫동안 집에서 소식이 없자 장난삼아 개에게 말하였다.

"네가 편지를 가지고 달려가 집의 소식을 가져올 수 있겠느냐?"

개가 기뻐하며 꼬리를 흔들었다. 육기가 편지를 쓰고 대나무 통에 담아 개의 목에 매달아 주었다. 개는 역참길로 나가 육기의 집으로 달려가서 답장을 가지고 돌아왔다. 사람이 왕복하면 50일이 걸릴 거리를 개는 겨우 20일 남짓 만에 다녀온 것이었다. 후에 개가 죽자 육기가 장사지내 주었는데, 사람들이 그 무덤을 '황이총黃耳塚'이라 불렀다.

(좌충지左沖之의 『술이기述異記』에 실려 있다.)

晉陸機, 畜一犬曰"黃耳". 機官京師, 久無家信, 戱語犬曰: "汝能齎書馳取消息否?" 犬喜搖尾. 機作書, 盛以竹筒, 繫犬頸. 犬出驛路, 馳往機家, 取回書歸. 人行往返五旬, 犬纔二旬餘. 後犬死, 機葬之, 人呼爲"黃耳塚". (見左沖之, 『述異記』)

靈犬四

中州老人朱九先生以賣藥自給每歲二三千一手一犬未沛名地已走地方遇救二人走拿共賣犬乎遂家小瓜拷地震為不乙家人引犬老官官論天池之人得非為匪所教即犬搖尾別欲去坤屍而逝又有丁丟我匪盡

乙倭老寧譯律
唐志吉 [印]

주선생을 위해 복수한 개 [靈犬四]

청주青州의 노인 주선생朱先生이 약을 파는 일로 생계를 꾸렸는데, 매번 아내 한 사람과 첩 한 사람, 그리고 개 한 마리를 데리고 다니며 각지를 왕래하였다. 어느 지역에 이르렀을 때, 도적들이 세 사람을 살해하고 그들의 재물을 모두 빼앗았다. 개가 달려서 집으로 돌아와서는 발톱으로 땅을 파헤치며 슬프게 울기를 그치지 않았다. 집안 사람들이 개를 데리고 가서 관청에 고발했다. 관리가 개에게 말했다.

"네 주인이 도적들에게 살해된 것이 아니냐?"

그러자 개가 꼬리를 흔들며 사람들을 이끌어 시신이 묻힌 곳에 도착했고, 이어서 또 앞장서서 그 도적 일당을 모두 잡게 하였다.

(『속묵객휘서續墨客揮犀』에 실려 있다.)

青州老人朱先生, 以賣藥自給, 每携一妻、一妾、一犬、來往各地. 至某地, 有匪殺三人, 盡奪其資. 犬奔還家, 以爪掊地, 哀鳴不已. 家人引犬告官. 官喻犬:"汝主人得非爲匪所殺耶?" 犬搖尾引衆至埋屍所, 繼又前導, 盡獲匪黨. (見『續墨客揮犀』)

靈犬五

店中宗偵諜謀害大帥超浮
莊誦彼外以一犬二僕自適一
僕臥田長賓裝諜奉茶菜予諜
諜食未進犬咬死二僕後數日
諜救遠去

光緒甲辰秋暮蓋記
庾生書

유초의 목숨을 구한 의견, 다섯 번째 이야기[靈犬五]

당唐나라 중종中宗 때, 간의대부諫議大夫 유초柳超가 죄를 지어 영외嶺外로 유배되었다. 그는 개 한 마리와 두 명의 노복을 데리고 갔는데, 노복들이 그의 행장 속 물건을 탐내어 독약을 간의대부의 음식에 넣으려 모의했다. 그러나 독약을 올리기도 전에, 개가 두 노복을 물어 죽였다. 며칠 후, 사면 조서가 내려 유초는 서울로 돌아올 수 있었다.

(설용약薛用弱의 『집이기集異記』에 실려 있다.)

唐中宗時, 諫議大夫柳超得罪謫嶺外, 以一犬二僕自隨. 二僕欲圖其資裝, 謀奉毒藥于諫議食. 未進, 犬咬死二僕. 後數日, 詔赦還京. (見薛用弱, 『集異記』)

守塚靈犬六

陳武帝陳書王僎輔士之后文楊州刺史振彭之敗走彰上奉楊氏五内者犬名黃蒼共八遁吾邢山中陳文帝遠幸所遣千兵重捜之至日暮皆倒眠不起黃蒼警犬知未便嚙一人十嚮即咒五起被害黃蒼狥州兄倒宛卒林中……故華黃蒼文伪伐振間彌卅石背雄

光甫文
廣志書

장표의 무덤을 지킨 충견,
여섯 번째 이야기[守塚(靈犬六)]

진무제^{陳武帝}가 왕승변^{王僧辯}을 해치자 왕의 부하였던 양주자사^{揚州刺史} 장표^{張彪}도 패주하였다. 장표는 아내 양씨와 함께 기르던 황창^{黃蒼}이라는 개를 데리고 약야산^{若耶山} 속으로 들어가 숨었다. 진문제가 장소달^{章昭達}을 보내 천 명의 병사를 거느리고 그를 찾게 하면서, 아울러 그의 아내까지 노렸다. 장표가 아직 잠에서 깨지 않았을 때 황창이 갑자기 짖어 경계하였고, 적이 오자 곧바로 물어서 한 사람이 목을 물려 그 자리에서 즉사하였다. 결국 장표가 살해되자 황창은 시체 곁에서 울부짖으며 피로 얼룩진 땅 위를 뒹굴었다. …장사를 치른 후에도 황창은 무덤 앞에 엎드려 울부짖으며 떠나지 않았다.

(『남사^{南史}』에 실려 있다.)

陳武帝既害王僧辯, 王之屬吏揚州刺史張彪亦敗走. 彪與妻楊氏, 及所養犬名"黃蒼"者, 入匿若耶山中. 陳文帝遣章昭達領千兵重購之, 並圖其妻. 彪眠未起, 黃蒼驚吠, 劫來便嚙, 一人中喉即死. 及彪被害, 黃蒼號叫屍側, 宛轉血中…… 既葬, 黃蒼又俯伏塚間, 號叫不肯離. (見『南史』)

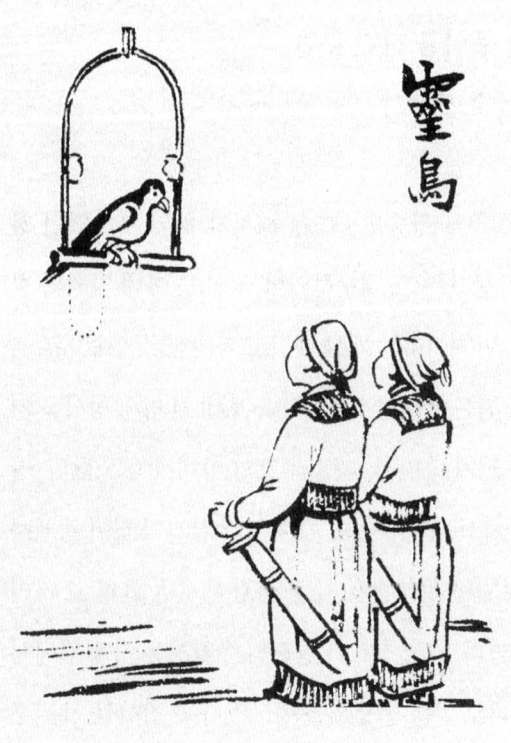

蜜鳥

古州王侍中之揚孫妻劉氏與鄭人生私通
放於京其一日宗會醉師劉氏亦載袷中
中傳黃味不知姓一致既赴上餞工劉氏枕之傳後
覺大盖老欲白夜相誡不得詩家抱拨等上鞋
姑息卅叔家之坊别多妻也信抱之人携開偽拾
持寶返畫三人丁信其奏頃五姑色深點起于
佳字計亮信衣使步張認儼衣使告等
先開人大驚遑于
崔志書

진실을 밝힌 앵무새[靈鳥]

당唐나라 현종玄宗 때, 장안長安에 사는 양숭의楊崇義의 아내 유씨劉氏가 이웃사람 이씨李氏와 사통하여 양숭의를 살해하려 했다. 어느 날 양숭의가 술에 취해 돌아오자, 유씨는 이씨와 함께 그를 살해한 후 마른 우물에 시신을 묻었다. 집안의 하인들은 모두 이 사실을 몰랐고, 오직 새 받침대 위에 있던 앵무새 한 마리만이 이 사실을 알았다.

유씨는 일부러 하인들을 시켜 남편을 찾게 하고 관청에도 실종 신고를 했다. 관원들이 밤낮으로 도적을 잡으려 했으나 잡지 못하자 양숭의의 집을 수색하게 되었다. 이때 앵무새가 갑자기 소리쳤다.

"주인을 살해한 자는 유씨와 이씨요!"

관원들이 두 사람을 체포해 심문하자 모두 범행을 자백했고, 마침내 두 사람을 법에 따라 처벌했다. 이 일이 현종에게 보고되자, 현종은 이 앵무새를 궁중에서 특별히 기르게 하며 '녹의사자綠衣使者'라는 칭호를 내렸다. 장열張說은 이 사건을 기록해 「녹의사자전綠衣使者傳」을 지었다.

(『개원천보유사開元天寶遺事』에 실려 있다.)

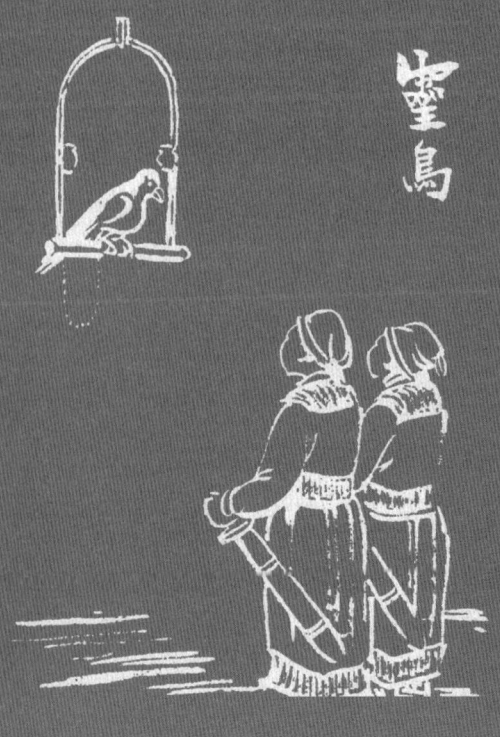

鹫鳥

唐明皇時, 長安楊崇義妻劉氏與鄰人李私通, 欲殺崇義. 一日, 崇義醉歸, 劉氏與李殺之, 埋枯井中. 僮僕皆不知, 惟一鸚鵡在架上. 劉氏故令僮僕覓夫, 并告官. 官日夜捕賊不得, 詣家檢校. 架上鸚鵡忽叫:"殺家主者, 劉與李也." 官捕二人拷問, 備招情實, 遂置二人于法, 并奏明皇. 明皇喂鸚鵡于後宮, 封爲"綠衣使者". 張說作「綠衣使者傳」. (見『開元天寶遺事』)

雙鴻

天津戈人養一鴻甚雄甘隨如其意食也朝珊城善飼之飲以文玉戈人至夜之先也仲頗俯仰此出黃昏半餓戈人惜其意乃已是特以雄婦也遂至投之西池徘徊如有悲者迨雙鴻如戈人畔至浮之西以錢結若金烏何如而憐惜者此悲其憐于生別雖物心無聊

无聊齋志異　賈應士識

기러기의 몸값[雙鴻]

천진天津의 사냥꾼이 기러기 한 마리를 잡자, 수컷 기러기가 집까지 따라와 슬피 울며 하늘을 맴돌다 해가 진 뒤에야 떠났다. 다음 날 수컷 기러기가 다시 찾아오자 사냥꾼이 그것도 잡았다. 기러기가 목을 길게 빼고 고개를 끄덕이다가 황금 반 덩어리를 토해내는 것을 보았다. 사냥꾼이 깨달았다.

"이것은 짝을 대신해 몸값을 치르려는 것이로구나."

그는 두 마리 기러기를 모두 풀어주었다. 두 기러기가 서로 목을 맞대고, 기쁨과 슬픔이 교차하듯 한참을 맴돌다 함께 날아갔다. 사냥꾼이 금을 달아보니 2냥 6돈이 넘었다. 아! 새들도 이처럼 깊은 정을 나누는구나. 살아서 이별하는 것보다 더 슬픈 일이 어디 있으랴. 짐승의 마음도 인간과 다르지 않도다.

(『요재지이聊齋志異』에 실려 있다.)

天津弋人得一鴻, 其雄者隨至其家, 哀鳴翺翔, 抵暮始去. 次日又至, 弋人並捉之. 見其伸頸俯仰, 吐出黃金半錠. 弋人悟其意, 乃曰: "是將以贖婦也." 遂並釋之. 兩鴻徘徊, 如有悲喜, 遂雙飛而去. 弋人稱金, 得二兩六錢強. 噫! 禽鳥何知, 而鍾情若此. 悲莫悲于生別離, 物亦然耶! (見『聊齋志異』)

除暴

정의의 심판 [除暴]

천진天津의 한 사원에 황새가 용마루 끝에 둥지를 틀었다. 전각의 천장 속에는 큰 뱀이 살고 있었는데, 해마다 황새 새끼들이 둥지에 모일 때면 기어 나와 모두 잡아먹곤 했다. 황새는 며칠 동안 슬피 울다가 떠났고, 이렇게 3년이 지나자 사람들은 다시는 오지 않으리라 여겼다.

그러나 이듬해 봄, 황새는 여전히 그 자리에 둥지를 틀었다. 새끼들이 어느덧 자라나자, 뱀이 다시 기어 올라오는 소리에 황새가 놀라 곧장 푸른 하늘 높이 날아올랐다. 갑자기 하늘을 가릴 만큼 큰 새가 공중에서 급히 내려와 발톱으로 뱀을 내리쳤다. 뱀의 머리가 떨어지자 거대한 새는 날아갔고, 황새는 그 뒤를 따르며 마치 은인을 보내듯 하였다.

(『요재지이聊齋志異』에 실려 있다.)

天津某寺, 鸛雀巢于鴟尾. 殿上承塵中有大蛇, 每至鸛雛圍集時, 輒出吞食淨盡. 鸛悲鳴數日乃去. 如是三年, 料其不復至, 而次歲巢如故. 及雛長, 蛇又蜿蜒而上, 鸛驚飛直上靑冥. 俄一大鳥翼蔽天日, 從空疾下, 以爪擊蛇, 蛇首立墜. 大鳥振翼去, 鸛從其後, 若將送之. (見『聊齋志異』)

江南池州雄溪口民被殺捉范十井官詰之
少手忽一猪奔至易哥咻老惶以狀振之不
事信口言有伏許于猪跪而碎苦即有狀官令
從之行供起前李玉一系推广入將弄卧猪而
小嘴嗜地出刀並始而新執其人訊之果殺人
者鄉人異之奉出費者埋于仲舍獅口良拱十
𨀣至知平偉少余埋馬
見子不語
　　　　　虞東書

靈猪

진범을 찾아낸 돼지[靈猪]

강남江南 숙주宿州 휴계구睢溪口에서 한 백성이 살해당해 시신이 우물에 버려졌다. 관청에서 수사를 했으나 살인범의 단서를 찾지 못하던 중, 갑자기 돼지 한 마리가 달려와 관원의 말 앞에서 처절하게 울부짖었다. 아전들이 쫓아도 돼지는 물러서지 않자, 관원이 말했다.

"이 녀석이 무슨 할 말이 있는 건가?"

돼지가 앞발을 꿇고 머리를 조아리는 듯한 자세를 취하자, 관원은 돼지를 따라가게 했다. 돼지는 일어나 한 집으로 인도했고, 문을 밀치고 침상 앞으로 달려가 주둥이로 땅을 파 칼을 물어 끌어내니, 피 흔적이 아직도 선명했다. 이에 관청은 그 집 주인을 체포해 심문하니 과연 진범이었다.

마을 사람들은 돼지의 의로운 행동에 감복해 비용을 모아 절에서 길렀고, '훌륭한 돼지[良猪]'라 불렀다. 돼지는 10여 년을 살다 죽자 승려들이 감실에 묻어 주었다.

(『자불어子不語』에 실려 있다.)

江南宿州睢溪口, 民被殺, 投屍于井, 官驗無凶手. 忽一猪奔至馬前, 啼甚慘, 衆役驅之不去. 官曰:"畜有所訴乎?"

江南■州姐徑之民波致怪元于井甘箔茗
必手忠□伐臺生烏而味甚情以捉抵之不
害乃以苇自作託子塔琓而绅去叩有状宣令
既之诉侔起箭牢玉以禅广人按手弗拾荷
以蒼荀此出刀卫此为妨梶其人沈之某致人
者鄉人秦之委出苦香稺子仲舎稺之良揩十
许上无手俸又命把馬
吕之不讳
　　　　　　雪烏吉題

靈猪

猪跪前蹄，若叩首狀，官命隨之行．猪起，前導至一家，排戶入，猪奔臥榻前，以嘴嚙地出刀，血跡尚新．執其人訊之，果殺人者．人義之，各出費，養猪于佛舍，號曰"良猪"．十餘年死，寺僧以龕埋焉．(見『子不語』)

救象

廣中有獵人入山伏柞樹怱不芒沈睡被象冤至東
擁如孑見大擁下摞着一毛群象作出四面哉俅至首而
扑齒象仰視樹M俛視獵人似欲其食獵人支拓柔背登樹
不知其吉象何而主介问一獵虎未去象中伏獵祀文搖一
祚葉之柔我捒世被進卬獵何视枞土獵世日逕搖猊查一
芳後犯主睛象嵘之將毒獵半乃不柔養伏以身東
衣似鞎龀象擔人逗蜂多象上象行出一空巽躧穴地得
𫗞牙甚多獵人下柔拾之象乃袁送出山此迻
見聊齋志異
          廣惠書

은혜에 보답한 코끼리[救象]

광중廣中에서 한 사냥꾼이 산으로 들어가 우연히 누워 쉬다가 자신도 모르게 잠에 골아 떨어졌다. 그때 코끼리가 와서 코로 그를 들어 올려 데려가 큰 나무 아래에 내려놓았다. 코끼리가 머리를 숙여 한 번 울자, 코끼리 떼가 분주히 모여들어 사방을 맴돌며 마치 무언가를 구하는 듯했다. 앞에 있는 코끼리가 나무를 올려다보고 사람을 내려다보며 그에게 나무에 오르라는 듯했다. 사냥꾼은 코끼리의 등을 밟고 나무에 올라갔으나, 코끼리의 의도가 무엇인지 알지 못했다.

잠시 후 사자 한 마리가 나타 나자 모든 코끼리들이 엎드렸고, 사자는 살찐 코끼리 한 마리를 골라 잡아먹으려 했다. 코끼리들은 공포에 떨면서도 감히 도망치지 못하고, 오직 나무 위의 사냥꾼만 올려다볼 뿐이었다. 이에 사냥꾼이 사자를 향해 석궁을 쏘자 사자가 곧바로 죽었다. 모든 코끼리들이 하늘을 우러러 절하듯 춤을 추며 기뻐하자, 사냥꾼은 나무에서 내려왔다. 코끼리가 다시 엎드려 코로 그의 옷자락을 끌어당기며 등에 타라는 듯했다. 사냥꾼이 마침내 코끼리 등에 올라타자, 코끼리는 어떤 장소로 가서 발로 땅

救象

昔中亞細亞人入山伐樹為工毫沈陷淤泥不能舉足
猛如虎者遇之方幸得餐作聲驚得獵人之猛狐
若者亦聞樂赴欲共食焉惟有人之獵狐欲掩其肉
不止是一象對於二猛如知之獵犬去哀告以解
爭此一事即慘於古之獵犬去哀告以解之矣
掛弓設之獵人以視之象亦感人之獵犬欲待一記之
大仙放也憲獵人逗時尚為不幸遺化遂一息
此中者享受人下幸而之亦乃重逢喜此地
是此席已美
    方志青

을 파냈다. 그곳에서 셀 수 없이 많은 상아가 나왔다. 사냥꾼이 내려와 상아를 묶어 정리하자, 코끼리는 그를 태우고 산 밖으로 데려다 주어 비로소 돌아올 수 있었다.

(『요재지이聊齋志異』에 실려 있다.)

廣中有獵人入山, 偶臥憩息, 不覺沉睡. 被象來鼻攝而去, 至大樹下. 頓首一鳴, 群象紛至, 四面旋繞, 若有所求. 前象仰視樹, 俯視人, 似欲其登. 獵人足踏象背登樹, 不知其意向所在. 少間一狻猊來, 每象皆伏, 狻猊擇一肥者將噬之. 象戰栗, 無敢逃者, 唯仰視樹上獵者. 因望狻猊發一弩, 狻猊立斃. 諸象瞻空拜舞, 獵者乃下. 象復伏, 以鼻牽衣, 似欲其乘. 獵人遂跨身其上, 象行至一處, 以蹄穴地, 得脫牙無算. 獵人下束治已, 象乃負送出山, 始返. (見『聊齋志異』)

接吻

鄉人張翔僑居邑之洲東厲戶特口牢南伙牧畜飲之豚于柴村桂浮一味此母豬窠之既中出猪兒十多頭去歲十市獲刊數百元後敷日張勢赴百元池者村豬拾一多日不返家人四出尋我至一採掘圓兒於車尚安爭來一此主裝扶于附上人成謂之腐楫之征

董壽作庆上逆   廉燕書

돼지의 복수[接吻]

향인鄕人 장번張翻이 성주星洲, 싱가포르에 잠시 머무르며 도축업에 종사하고 있었다. 당시 일본군이 남쪽으로 침입하여 식량이 부족한 때였다. 장번이 농촌에서 새끼를 밴 어미 돼지를 사서 잡았더니, 배 속에서 새끼 돼지가 열 마리 넘게 나왔다. 이걸 모두 시장에 내다 팔아 수백 원을 벌었다. 며칠 후, 장번은 수백 원을 가지고 다시 농촌으로 돼지를 사러 갔지만, 떠난 후 여러 날이 지나도 돌아오지 않았다. 가족들이 사방으로 그를 수색하다 상수리나무 숲에 이르러, 장번의 머리는 몸에서 떨어져 있고 사지가 갈기갈기 찢겨 나무에 걸려 있는 것을 발견했다. 사람들은 모두 이것이 돼지를 도살한 보복이라고 했다.

(채보정 거사蔡普淨居士가 기록함)

鄕人張翻, 僑居星洲, 業屠戶. 時日軍南侵, 糧食缺乏. 張于農村購得一懷胎母猪宰之, 腹中出猪兒十多頭, 盡售于市, 獲利數百元. 後數日, 張携數百元再往農村購猪, 一去多日不返. 家人四出尋找, 至一橡樹園, 見張身首異處, 手足四分五裂, 掛于樹上. 人咸謂是屠猪之報. (蔡普淨居士述)

翩翩新来燕，入室祉四佳宾
问俺荅饭不相忧，忧先戏庭前英
情令弹拢双猫宝花阴卜此素
优如爱若相交玉素可乐溜阳秋
布德冲当勉此进
藤堂诗 虞愚书

翩翩新来燕

새로 온 제비 [翩翩新來燕]

훨훨 날아서 새로 오는 제비는

쌍쌍이 그림같은 누대에 드네.

외람되이 서까래 사이 집 빌려 지어

차와 밥도 서로가 구할 일 없네.

귀여운 애 뜰 앞에서 장난치다가,

쇠 탄환을 가지고 쏘지는 말고,

고양이 꽃 그늘 속 숨어 엿보나,

너와는 평소부터 원한 없었네.

화목하게 다 함께 살아간다면.

아름다운 풍경이 오래 머물리.

봄철이 은혜를 베푸는 곳에

만물들 한가로이 노니는구나.

(등호藤壺의 시)

翩翩新來燕, 雙雙入畫樓,

叨借橡間住, 茶飯不相求.

嬌兒戲庭前, 莫將金彈投,

狸猫穿花陰, 與汝素無仇.

翩翩新来燕,双双入重檐,呢喃故相依,
间关春语日不相厌,绿池江渡度前英,
好个弹枝翻绡翠花落,烂漫歌声,
他知爱岂相变五素可木留恋去,
本依谁当物皆恋逝

陈童诗 李慈书

翩翩新来燕

和愛共相處, 美景可長留,

陽春布德澤, 萬物皆悠遊.

(藤壺詩)

犀城道路多体统行、
重行、愿尽 母职 运游近坂穴迷
有人来此挤拌入舍 善由势而捕
中侧狂境命如行下又芨晓

冷畏诗
虞志吉

打掃

개미의 운명[打掃]

개미들이 양식을 운반하느라
길가에 분주하게 얽혀 있었네.
줄지어 갔다가는 또 다시 가니
험한 길을 모두다 지나왔다네.
개미 구멍에 차츰 가까워질 때,
사람들이 와서는 청소하였네.
빗자루로 쓰레받기에 쓸어 담아서
들고 가 쓰레기통에 쏟아버리네.
개미 운명 어떻게 되었을까
결과를 아는 사람 아무도 없네.

(냉천冷泉의 시)

群蟻運糧食, 驛路多繚繞,
行行重行行, 歷盡崎嶇道,
漸近蟻穴邊, 有人來打掃,
掃入畚箕內, 携向桶中倒,
群蟻命如何, 下文無人曉.

(冷泉詩)

蜜蜂嗡嗡地撲擋玻璃窗不知玻璃
此係看窗外無此路原不通何苦費力
幸我老蜜蜂告左門通迎廊幸蜂小穗
诸位體力特強行世能碰頭破流脈
據我生不願死了죽宁可為此地窓子
開放他逢故鄉 偶月之作
方悲青題

此路不通！

창문을 열어주다 [此路不通!]

꿀벌들이 윙윙대며 날아 들어서,
유리창 두드리고 또 두드리네.
단단한 유리인 줄 알지 못한 채
다만 창밖 빛깔만 사모하구나.
이 길은 원래부터 막힌 길이니,
헛되이 애쓸 필요 있을 것인가?
내가 꿀벌들에게 말을 하노니
"왼쪽 문으로 가면 복도로 통한다."
꿀벌은 나의 말을 듣지 못하고
더욱 세차게 벽에 몸을 부딪네.
결국 기둥에 머리 부딪히어서,
머리 깨져 뇌수腦髓가 흐르게 되리.
살길 구해 죽는 것 안 돌아 보니,
우습기도 하고 또한 안타깝구나.
빠르게 창문 잡고 열어 주어서
고향으로 놓아주어 가게 하리라.

(농월야朧月夜의 시)

守持帕^^不敢放棄她愛不知彼治
此徒勞容亦無此路原不通何苦費力
勞戒老守持吾左門追迎娜愛娜不悟
始延誤力特練行世故的絞殺迅脫
根求生不顧他丁关忘丁為此地墨子
開放如運故鄉 嘘月之时
丁聰書題

此路不通！

蜜蜂嗡嗡飛, 頻撲玻璃窗,

不知玻璃堅, 但慕窗外光.

此路原不通, 何苦費力量?

我告蜜蜂言, 左門通回廊.

蜜蜂不聽話, 碰壁力轉強,

行將效觸柱, 頭破流腦漿.

求生不顧死, 可笑亦可傷,

快把窗子開, 放他還故鄉.

(朧月夜詩)

一猫生二子相貌都依母兒
重放予歸大家争來抱母猫
擊、張口中味、吽轧似聲、
說還我小寶寶 小兒詩
賞慈書題

"還我小寶寶々!"

우리 아기 돌려주세요 [還我小寶寶!]

고양이가 새끼 둘을 낳았는데,

둘 다 아주 모습이 훌륭하였네.

아이들 학교 끝나 돌아오더니

모두가 다투어서 고양이 안네.

어미 고양이 바짝 따라붙어서,

입으로 야옹야옹 울어대누나.

마치 소리마다 말하는 듯하네.

"우리 아기를 제발 돌려주세요!"

(소군小君의 시)

一猫生二子, 相貌都很好,

兒童放學歸, 大家爭來抱.

母猫緊緊跟, 口中咪咪叫,

好似聲聲說:還我小寶寶!

(小君詩)

古瓶插鮮花供主恣賞供閒永供飢寒
將其至自浮誰如花瓶下原有坊壤空
瓶底香空口北達泄泄寒寒坡心蓮枝
百家歸不律直畫闌上約丁西當佳人
客中止有壤好寺心之口缺出筆俠伴
書門不律出一致很担平坐人注志及
誰扣訴方逢錢瓶開琛穴
　　伤伤堂主人詩　　□□□　□

蓮疆

길 막힌 개미들 [連糶]

오래된 꽃병에다 예쁜 꽃 꽂아
창살 옆에다가 놓아 뒀더니
한가할 때마다 구경거리 되어,
기쁜 마음으로 유유자적 했네.
어느 누가 알리오. 꽃병 아래에는
원래부터 개미 굴 있었다는 걸.
꽃병이 굴 입구를 가로막아서
커다란 길 꽉 막혀 버리었다네.
개미들 마침 양식 운반 하는데,
집 있어도 돌아갈 수 없게 되어서
무거운 짐을 지고 허둥대지만
사방 봐도 들어갈 곳 있지 않았네.
굴 속에서도 또한 개미 있는데,
기다리는 마음이 간절하여서,
나가서 동료들을 찾으려 하나,
문 없어서 나갈 길 있지 않았네.
개미의 난처한 상황에 대해
알아 차린 사람이 하나도 없네.

古致清鲜花似主客样相伴不染孤寰
拈来亦自浑然如花称不原有物染空
斯底离宴心不和逼近泥尘草根之这样
自家归本浑觉意虽用之敛也西堂便入
寰中立有顷眼中之也散出华沃中
青闭不得出一段根钟堂中人情亦石
谁能识者这等孤闭暗时

運糧

누가 능히 이롭게 할 방법 행해서

꽃병 옮겨 개미 굴 열어줄텐가?

(연연당주인緣緣堂主人의 시)

古瓶揷鮮花, 供在窓檻側,

閑來供觀賞, 怡然意自得.

誰知花瓶下, 原有螞蟻穴,

瓶底當穴口, 孔道被阻塞.

群蟻正運糧, 有家歸不得,

負重團團轉, 四面無從入.

穴中亦有蟻, 盼待心正切,

欲出尋夥伴, 無門不得出.

一段狼狽事, 無人注意及,

誰能行方便, 移瓶開蟻穴?

(緣緣堂主人詩)

潇连有大蚌其壳屡土眠湖干浅静时
启壳望青天若有衆欲木主到崇间闇
自将有任侍生命待安今谁知束郁光
拾月末潇连昔光一大蚌止出笑颜间
仿身如拾等颇倒蚌挟竹莶枝莶四宗特
火把燸爁她挟蚌入洪汤任他爱甚焉
蚌死人自樂共汫汤味蚌
依依重久人诗 贤恭子

拾貝

조개 줍는 아이 [拾貝]

갯벌 가에 커다란 조개 있는데
그 껍질 두껍고 또 단단하였네.
조수 잦고 물결이 잔잔할 때면
껍질 벌려 하늘을 바라보다가
만약에 사나운 적 오는 일 보면
곧바로 문 닫으며 중얼거렸네.
"견고한 보호막을 갖고 있으니,
내 생명은 정말로 안전하리라."
누가 알리오. 동쪽 이웃 아이가
조개 주으려 갯벌 가에 올 줄을.
별안간 큰 조개를 보게 되자
가던 걸음 멈추고서 환히 웃었네.
몸 숙여 지푸라기 줍듯 하여서
조개 잡아 바구니에 던지었다네.
대바구니 끌고서 집 돌아와서
먼저 아궁이에다 불을 지피고
조개 던져 끓는 물에 넣게 하여서
그대로 끓는 고통 겪게 하였네.

拾贝

谁送了人鱼美丽生动的湖上波静时
皮色泛青尤其是有养敌水上到紫闪闪
自辞了往讲生命悟本会说如末郑光
拾贝来跳运普急一文许止与文顺闻
偶有如拾不见辨拨竹蓝拨莹以宗转
光拖停觉然拨拜人讲游任如爱起高
拜无人自举如追游以拜
你听写友人诗 丰惠予

조개 죽어도 사람은 즐거워하며

국물 맛 신선하다 다 칭찬하네.

(연연당주인緣緣堂主人의 시)

灘邊有大蚌, 其殼厚且堅,

潮平浪靜時, 展殼望靑天.

若有暴敵來, 立刻緊閉關,

自謂有保障, 生命得安全.

誰知東鄰兒, 拾貝來灘邊,

瞥見一大蚌, 止步笑顔開.

俯身如拾芥, 取蚌投竹籃,

提籃回家轉, 先把爐灶燃.

投蚌入沸湯, 任他受熬煎,

蚌死人自樂, 共贊湯味鮮.

(緣緣堂主人詩)

有有名睡花　猪獾之腎腸
有有名羊尾　猪羊之睛肬
有有名猪旺　猪獾之膽藏
顧名思義時　技者不能奪

光源詩　貫志書

獸相食

이름 속 진실 [獸相食]

요화腰花라는 이름의 안주 있으니,

돼지의 콩팥으로 만든 요리였네.

양미羊尾라는 이름의 안주 있으니,

면양의 방광으로 만든 요리였네.

저뇌豬腦라는 이름의 안주 있으니

돼지의 골수로 만든 요리였네.

이름 보고 그 실체 생각할 때면,

젓가락 내려 놓고 맛볼 수 없네.

(광원光源의 시)

有肴名腰花, 猪玀之腎腸;

有肴名羊尾, 綿羊之膀胱;

有肴名猪腦, 猪玀之腦漿;

顧名思義時, 投箸不能嘗.

(光源詩)

難逃

光盡死不了 長徐縈焰胖絆
主窟搏上救飛不能高揚光
故摘婵娟光若難逃試看此
業象追人不必鳥
　士年詩
　　　雩思書

벗어날 수 없는 운명 [難逃]

아이들이 매미 갖고 장난을 치며,
긴 실로 매미 허리 매어 두어서,
창살 위에다가 묶어 놓으니,
날려 하여도 높이 날 수 없었네.
고양이 새끼가 매미 잡으려 하니,
매미는 몹시 벗어나기 어려웠네.
이런 광경 시험삼아 보게 된다면
누구라도 애타지 않았겠는가?

(왕절王節의 시)

兒童玩知了, 長線繫蟬腰,
縛在窓欞上, 欲飛不能高.
猫兒欲捕蟬, 蟬兒苦難逃,
試看此景象, 誰人不心焦?

(王節詩)

撩罩

물고기의 운명[探牢]

대바구니 안에다 큰 물고기 길러,

강가에 물속에다 담가 놓았네.

강물 흐름 깊고도 넓었는데

콸콸 흐르는 물이 끝없이 흘렀네.

오로지 귀한 손님 오길 기다려

물고기 삶아 계절 진미 올렸네.

이 물고기는 사형수와 같으나,

아직 형집행 날은 안 정해졌네.

친구 와서 대바구니 들여다보면,

다시 만날 인연 없을까 두려웁다네.

(석무夕霧의 시)

籠中畜大魚, 浸在河岸邊,

河流深且廣, 活水來源源.

專待嘉賓至, 烹魚薦時鮮.

此魚似死囚, 刑期尚未宣,

親友來探牢, 再見恐無緣.

(夕霧詩)

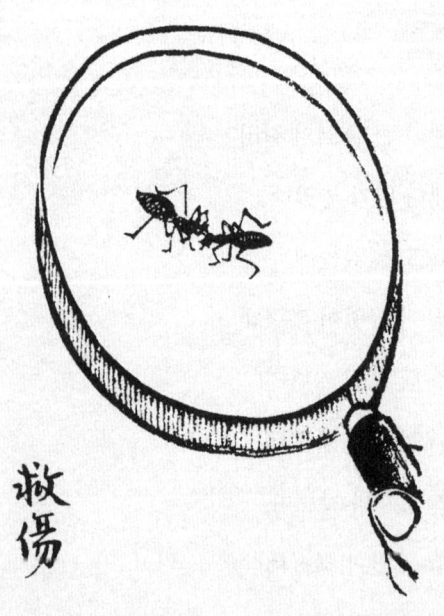

敬踢

写完新诗有细军祸闲吟 忽见七字句
有效必移行 似蛾不像蛾 似蚶不是蚶
伸着似但看 查来令人惊 如蛾相扶掖
蹒跚沿墙阴 一蛾巳受伤 肢体心享痉
二蛾却其足 努力向前进 急救扶回家
四家救成书 其病少在地上卧 此情景可欢
救你救堂主人书

상처 입은 동료 [救傷]

새로운 시편 쓰기 마치고 나서
붓을 놓고 혼자서 한가히 읊네.
갑작스레 책상의 모서리 보니
어떤 곤충 마침 옮겨가고 있었네.
개미 같으나 개미 닮지 않았고
파리 같으나 파리는 아니었네.
고개 숙여 자세히 쳐다봤더니
그 광경이 사람을 놀라게 했네.
두 마리 개미 서로 부축해서는
절뚝대며 담장 그늘 향하고 있네.
한 개미는 이미 벌써 상처를 입어
사지와 몸뚱이가 마침 경련이 났고
다른 개미는 상처난 개미의 발을 물고서
앞을 향해 나가려고 노력하였네.
서둘러 집으로 데려가려 하니
돌아가면 병을 잘 치료하리라.
작은 벌레도 서로 돕는 것 보니,
이런 정경이 매우 공경할 만 하네.

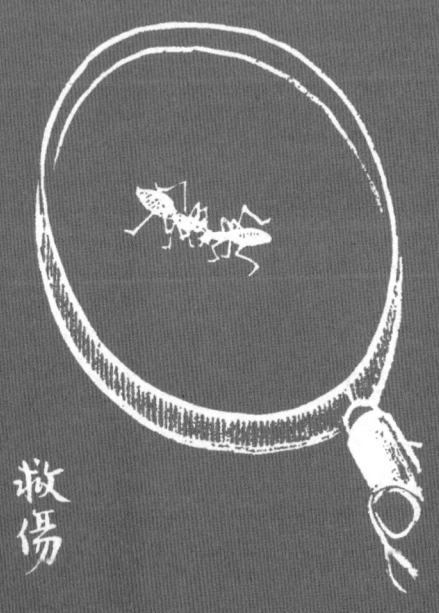

救傷

写完新诗名蝴蝶闹婚 忽见书案自
有此心移行 似蝶不能蝶 似蝇不是蝇
倘者仔细看 丰象令人惊 四肢相扶扶
端详必病情 一蝶心受伤 挣扎心掌疼
二蝶助其走 奋力向前进 急救救四家
四家如在焉 小虫如上帝 此情若了教
此信今戒杀 依依建立人才 当不负人性

비로소 믿게 되었네. 중생衆生은

모두 인간 성품을 갖추었음을.

(연연당주인緣緣堂主人의 시)

寫完新詩篇, 擱筆獨閑吟,

忽見書案角, 有物正移行.

似蟻不像蟻, 似蠅不是蠅,

俯首仔細看, 景象令人驚.

兩蟻相扶掖, 蹣跚向牆陰,

一蟻已受傷, 肢體正攣痙,

二蟻銜其足, 努力向前進,

急欲扶回家, 回家好養病.

小蟲知互助, 此情甚可敬,

始信含識者, 無不具人性.

(緣緣堂主人詩)

跛狗

呼喝驅出小狗行步何手了跛前
任何有一足幸任然是食口
倉裡逗捉捧撲人為善物當狗
是小狼青狗豈大罪逐何必用
甚足狗傷不足逼人心太残酷

  北光詩
    廣惠書

절름발이 개[跛狗]

아! 너 작은 강아지야

어찌 그리 비틀대며 걸어가느냐.

가까이 다가가서 자세히 보니

한쪽 다리 언제나 굽혀져 있네.

아마도 탐욕스레 입으로 먹다

끔찍하게 몽둥이로 쳐 맞았으리.

사람은 만물 중에 영장이 되고,

개는 조그마한 가축이지만,

개가 무슨 큰 죄라도 지었기에

하필이면 다리를 못 쓰게 했나.

개의 고통은 말해 무엇하리

사람 마음 이리도 잔인한 것을.

(유광惟光의 시)

吁嗟汝小狗, 行步何彳亍?

近前仔細看, 一足常屈曲,

應是貪口食, 慘遭棍棒撲.

人爲萬物靈, 狗是小牲畜,

破狗

呼哇汝小狗行步何手足连奇
任何有一足幸屈曲意走食口
食性连根拔人居事物堂狗
走小拙李狗堂大罪述何必别
真足狗传不足连人心太残酷

吐光才
貝豕子

狗無大罪過, 何必刖其足?

狗傷不足道, 人心太殘酷.

(惟光詩)

叫哥哥

枝詩叫哥哥,养阴土竹笼爱歌声,體弱慈之主喜援口交共同㗛饮食,为記供春月若沉溺壶,不辞如故,死不卯死比死史者痛哉者此生者,哥比敢生重

红梅诗 贾岳书

굶주린 여치 [叫哥哥]

여치란 놈을 붙잡아서,

대나무 상자 속에 가두어 뒀네.

우는 소리 듣기를 사랑하여서

화려한 마룻대에 매달아 뒀네.

오래되자 흥미가 떨어져 버려,

음식을 주는 일을 잊어버렸네.

몸 몹시도 굶주리고 목말라서는,

간신히 숨만 쉬며 꼼짝 못하네.

죽고 싶어도 곧바로 죽지 못하니,

죽음보다 더욱더 고통을 겪네.

중생을 쫄쫄 굶겨 키우는 자는

살생보다 더 큰 죄 짓는다 하리.

(홍매紅梅의 시)

捉得叫哥哥, 禁閉在竹籠,

愛聽口曜口曜聲, 懸之在畫棟.

日久興闌珊, 飮食忘記供,

蟲身苦饑渴, 奄奄不能動.

叫哥哥

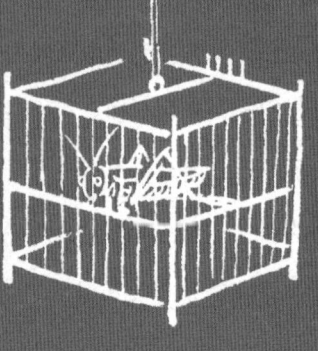

蚱蜢叫哥哥，業同立於龍愛蟲籠
體餐想之主畫挨日久共同冊飲食
为記供春月吉龍涵电。木筑如政
元本申兄此元文古古痛誠春此尢古
爰比致之古
紅梅詩庵 丁馬書圖

欲死不即死, 比死更苦痛,

餓養重生者, 罪比殺生重.

(紅梅詩)

牛奶味鲜美营养人之爱牛也如此
连广告品班且称牛畜无牛肯一来
之所珍自己不吸饭给自己若挤牛奶
人既诘了诸忠且勤不敢计功劳迅此
究死则河闲葛诗 黄苗子

牛的贡献

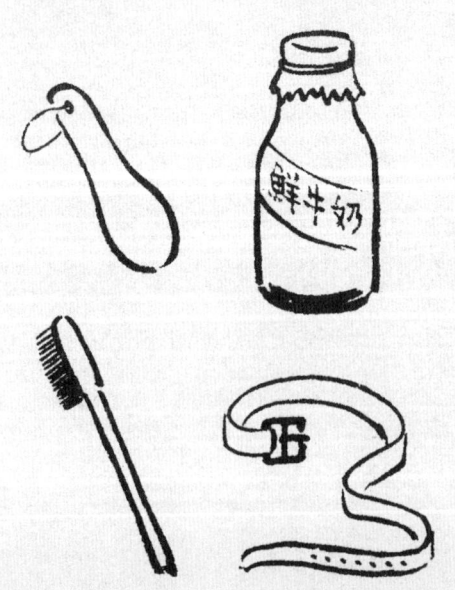

소의 헌신 [牛的貢獻]

우유는 맛이 그저 좋을 뿐 아니라

사람 몸에 영양을 공급해주네.

소가죽은 용도가 다양하여서

만든 제품 튼튼하고 정교하였네.

소뿔에다가 소의 뼈다귀들은

물건 만들 때 귀한 자료라 하네.

스스로는 좋은 밥 안 먹으면서

평생토록 농사일에 헌신하였네.

소는 사람 위해서 봉사를 하니

충성되고 근면하다 이를 만하네.

감히 공로 요구치 아니하고서,

사형만은 면하길 바랄 뿐이네.

(아도리阿闍梨의 시)

牛奶味鮮美, 營養人之身,

牛皮用途廣, 制品堅且精,

牛角與牛骨, 工業之所珍.

自己不吃飯, 終身事農耕,

牛奶味鲜且营养人人才牛过目过度繁衍旺盛待牛多与牛有些工作时自己不做做给自事故耕牛无人照料可谓悲且勤不歇付加牛出以免见到 问闲菜话 虽无意图

献身的牛

牛爲人服務, 可謂忠且勤,

不敢討功勞, 但求免死刑.

(阿闍梨詩)

小白兔

我是小白兔守着主人群羊上着
长毛皆此羊毛挂羊、被人剪口
口虎来增饿我体诉我永被反羊
主拿我月上哦我决不忍人但随恼
口锋兔涛试我月

丐光诗 丰子恺

흰 토끼의 기도 [小白兎]

나는 조그마한 흰 토끼인데,
사람들 틈 속에서 살고 있었네.
몸에는 기다란 털 덮여 있는데,
재질이 양털보다 고운 편이네.
해마다 사람에게 털 깎이지만,
날마다 생산량은 늘어만 가네.
그 털로 스웨터와 바지 짜내어,
의복으로 사람들 덮어주었네.
내 몸에 따뜻한 걸 빼앗긴데도
나는 결코 사람을 원망치 않네.
다만 원하는 건 도살자의 칼날이
내 몸에 시험되지 않게 되기를

(유광惟光의 시)

我是小白兎, 寄居在人群,
身上有長毛, 質比羊毛精.
年年被人剪, 日日産量增,
織成線衫褲, 衣被及群生.

小白兔

我是小白兔守信主人拜了上司
衣无瑩此千无挂卖、被人会日
日花兔娉俄成像弱弱衣被反革
生穿我受上級歧次不忍人但随居
日饼兔讓说我有 白兔话 丁卯

奪我身上暖, 我決不怨人,

但願屠刀鋒, 免得試我身.

(惟光詩)

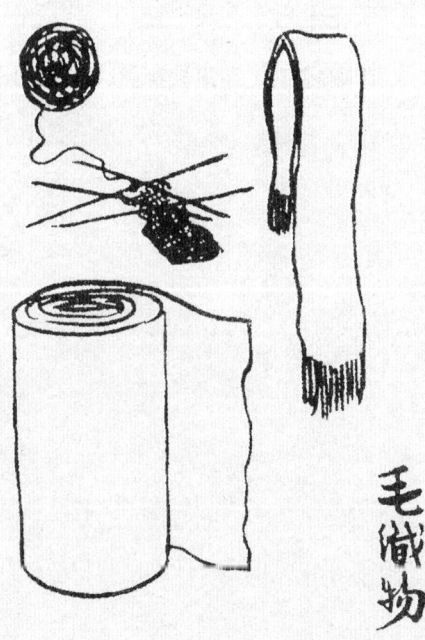

毛织物

人身之衣 不只之毛 呢绒哗叽
财货炫耀 比绵温暖 比绸耐穿
人人爱用 唐吉丰饶 羊之于人
可谓功高 何以报之 一把屠刀

幸后诗 慧志书

양털의 댓가 [毛織物]

사람 몸을 감싸고 입는 옷들은
양의 몸에서 얻은 털이네.
모직물과 따뜻한 방한복들은
사방에서 불티나게 팔려나가네.
목화보다 훨씬 더 따스하였고
비단보다 한층 더 견고하였네.
사람마다 즐겨서 사용을 하니
생산량이 풍성히 넘쳐난다네.
양들이 사람에게 베푼 것들은,
그 공로가 높다고 말할 만하네.
무엇으로 보답을 하려하는가?
다만 도살용 칼 한 자루뿐이네.

(동군董君의 시)

人身之衣, 羊身之毛,
呢絨嗶嘰, 到處暢銷.
比綿溫暖, 比綢堅牢,
人人愛用, 産量豐饒.

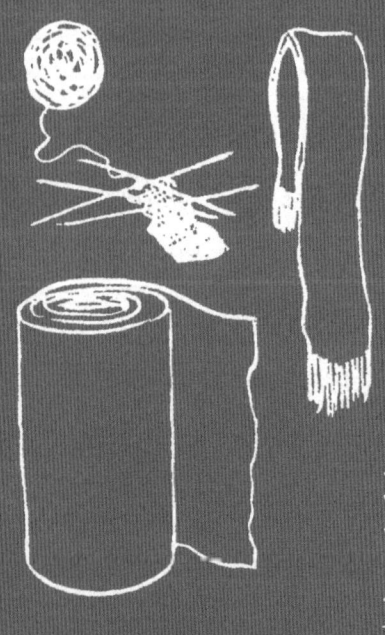

毛织物

人身之衣 羊身之毛 唐代华贱
身虚挂绢 以绵涩暖 此纲此羊
人人爱用 唐著誉钱 羊之于人
可谓功高 何以把之 一把屠刀

幸右诗 崔忠志

羊之于人, 可謂功高,

何以報之? 一把屠刀.

(董君詩)

蜻蜓蝴蝶雨飞忙樣
东窗石翅李香枝上
鶯啼交燕语声上歌
雄蚱无光

好春光

좋은 봄경치 [好春光]

나비와 잠자리는 분주히 훨훨 날며,

꽃잎을 스쳐서는 날개 온통 향기나네.

가지엔 꾀꼬리와 제비 소리 어우러져

구슬픈 목소리로 봄빛을 노래하네.

(화산리花散里의 시)

蜻蜓蝴蝶兩飛忙, 撲葉穿花翅盡香,

枝上鶯啼交燕語, 聲聲歌頌好春光.

(花散里詩)

雙雙瓦雀入門來

桃花零落李花開
此處紅稀點點地鋪
寂寞人不到雙雙瓦
雀入門來

고요한 봄날[雙雙瓦雀入門來]

복숭아꽃 떨어지고 자두꽃 피었는데,
한 점 한 점 붉은 꽃잎 이끼 위에 내려앉네.
외진 곳 가난한 집에 아무도 안 찾지만,
한 쌍의 참새만은 대문 안에 찾아오네.

(동호桐壺의 시)

桃花零落李花開, 點點飛紅襯碧苔,
地僻家貧人不到, 雙雙瓦雀入門來.

(桐壺詩)

福壽

蝙蝠挺士產蟄伏逾二
冬春夏秋夜出翩翩飛
碧空宜不食人間粟為人
除害於人人應愛惜此
蝠與福同 葆廬詩
廣惠書

복을 가져다 주는 박쥐[福壽]＊

박쥐가 오래된 집에 깃들여서는,

틀어박혀 삼동을 보내버렸네.

봄과 여름이 되면 밤에 나와서,

푸른 하늘을 훨훨 날아다니네.

인간 먹는 곡식은 안 건드리고,

사람 위해 해충을 제거해 주네.

사람마다 박쥐를 아껴줄 일이니

박쥐 복蝠이 곧 행복 복福이라네.

(등호藤壺의 시)

蝙蝠棲古屋, 蟄伏過三冬,

春夏乘夜出, 翩翩飛碧空.

不食人間粟, 爲人除害蟲,

人人應愛惜, 此蝠與福同.

(藤壺詩)

＊ 중국에서는 박쥐(蝠, fú)와 복(福, fú)은 발음이 같아 박쥐가 복의 상징으로 여겨진다.

黄梅时节绿成阴舍
有青山坐小亭苍地
雲晴时雨除阿黄哟
伞远来迎

阿黄哟伞远来迎

비 속에 찾아온 벗 [阿黃銜傘遠來迎]

매실 익을 무렵 푸른 잎 그늘을 이루니,

넋 놓고 청산 보며 정자에 앉아있네.

문득 구름 피어나며 단비가 내리는데,

누렁이가 우산 물고 멀리서 마중 오네.

(농월야朧月夜* 의 시)

黃梅時節綠成陰, 貪看靑山坐小亭,

驀地雲騰時雨降, 阿黃銜傘遠來迎.

(朧月夜詩)

---

* 원래는 당나라 등호(藤壺)의 시인데, 『호생화집』에는 농월야(朧月夜)로 잘못 기록되어 있다.

奉〻无私献蜂光
英姿傷春禾化彩蝶
點綴钟風光

川石井 唐志士

蜕化

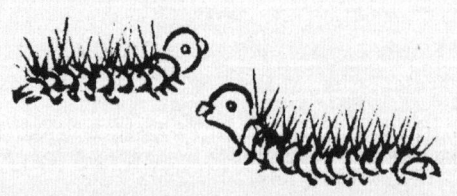

나비의 약속[蛻化]

꿈틀대는 벌레 모습 추하더라도
사랑스런 아이여, 해치지 말아라
봄이 오면 화려한 나비로 변해
세상을 아름답게 수놓으리니.

(명석明石의 시)

蠢蠢毛蟲醜, 嬌兒莫殺傷,
春來化彩蝶, 點綴好風光.

(明石詩)

闲院寻双鸭雌雄常相逐
主人勤照拂不忘银与海
二为酬佳节肥鲜可荐旅
明日是中秋人笑鸭应笑

仁梅诗 康禾书

明日是中秋

중추절의 비극 [明日是中秋]

뜰에 두 마리 오리 기르는데,

암수 한 쌍 언제나 따라 다니네.

주인이 부지런히 돌보아 주어,

먹이 주고 목욕시킴 챙겨주었네.

다만 좋은 명절을 즐기기 위해,

살진 먹이 배불리 먹이었다네.

내일이면 드디어 중추절 되니

사람 웃어도 오리 응당 울리라.

(홍매紅梅의 시)

閑院畜雙鴨, 雌雄常相逐,

主人勤照拂, 不忘喂與浴.

只爲酬佳節, 肥鮮可果腹,

明日是中秋, 人笑鴨應哭!

(紅梅詩)

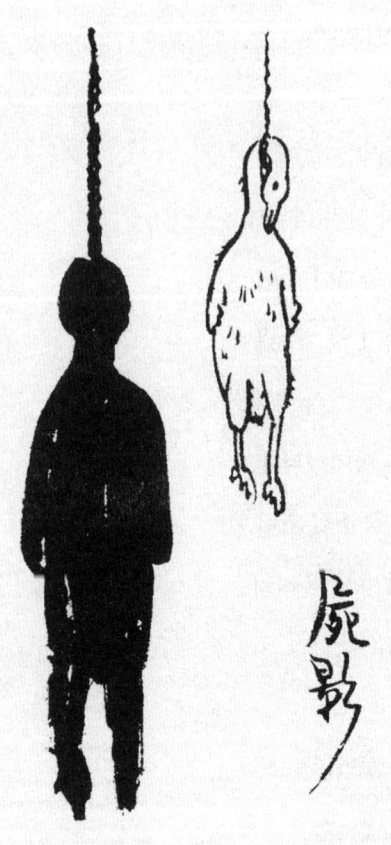

屍影

嬌娃忽驚呼　有人正懸樑　原來是鴨屍　快著電燈光

郭沫若詩
崔忠書

미명의 착각[屍影]

미인이 갑작스레 비명 지르니,
"저기 누가 목매달았다!"
알고 보니 죽은 오리 시체가
전등 빛에 드리운 그림자였네.
(헌단적軒端荻의 시)

嬌娃忽驚呼, 有人正懸樑;
原來是鴨屍, 映着電燈光.
(軒端荻詩)

月上棲籠 心上林谷
望斷家山 長歌當哭
　　　兒童詩
　　　　　豐惑

長歌當哭

갇힌 영혼의 노래 [長歌當哭]

몸은 비록 새장 속에 갇혀 있어도
마음만은 숲속 골짝 그리고 있네.
시야에 고향 산천 안 보였으니
긴 노래로 울음을 대신하였네.

(학동學童의 시)

身在樊籠, 心在林谷,
望斷家山, 長歌當哭.

(學童詩)

千百年來席上肴羞
雞不去皮用牛刀可惜皆
土此便翅不令高飛上
紹肯仲房用詩 廣燕書

날개 없는 비애[羮]

천백 년을 이어온 잔치상 안주거리
닭 잡는데 소 잡는 칼 필요 없었네.
가련타. 등 위에는 두 날개 달렸지만
높이 날아 하늘로다 오를 줄 몰랐으니.

(운거안雲居雁의 시)

千百年來席上肴, 殺雞不必用牛刀,
可憐背上生雙翅, 不會高飛上碧霄.

(雲居雁詩)

당당한 거위의 개선 [白鵝]

흰 거위 영웅 기상 갖고 있으니
넓은 길 한복판을 당당히 걷네.
기차가 오는 것을 멀리 보고도
목을 곧추 세우고 가슴을 펴네.
기관사가 급하게 기차 멈추니
감히 그 위세에는 못 맞섰다네.
흰 거위 개선곡 불며 돌아갔으니,
꽥꽥 울며 다시금 우쭐대었네.

(석안夕顔의 시)

白鵝是英雄, 闊步大道中,
望見汽車來, 昂首又挺胸.
司機忙刹車, 不敢衝其鋒,
白鵝奏凱歸, 睨睨復喁喁.

(夕顔詩)

黄蜂頻撲秋千索 為爱嬌姨惹手香

燕語鶯啼蝶乍忙
氤氲氣好惹光黄蜂
鞦韆秋千索為爱嬌
佳惹手香

그네와 꿀벌 [黃蜂頻撲秋千索, 爲愛嬌娃纖手香]

제비와 꾀꼬리 지저귀고 나비 바삐 춤추니,

그윽한 향기 감도는 아름다운 봄날이네.

누른 벌 그네 줄에 자꾸만 날아드니

미인의 고운 손길 향기로움 때문이네.

(규희葵姬의 시)

燕語鶯啼蝶舞忙, 氳氤佳氣好春光,

黃蜂頻撲秋千索, 爲愛嬌娃纖手香.

(葵姬詩)

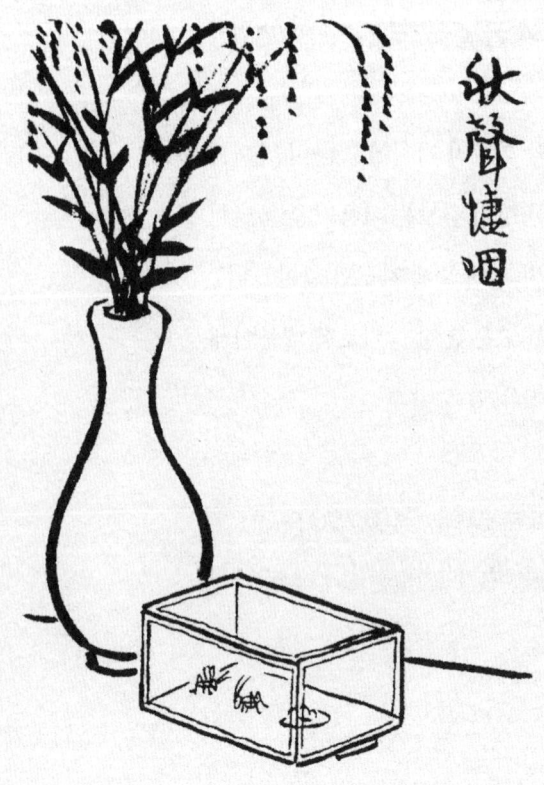

秋聲慷咽

가을을 그리워하는 노래 [秋聲淒咽]

귀뚤이 잡아서는 울음소리 즐기려고,

유리 새장 금으로다 화려히 장식했네.

노래 그친 귀뚜라미 마음이 적적하여,

먼 들판 이슬 맺힌 풀밭을 꿈꾸었네.

(추호거사秋好居士의 시)

捉得金鈴賞好音, 琉璃小籠巧裝金,

金鈴奏罷無聊賴, 遙夢秋郊草露坪.

(秋好居士詩)

覆巢

谁家稚子太无聊
把长竿敲在巢右命
匠做人不惜童心残
忍罹难清

새둥지를 뒤집다 [覆巢]

어느 집 어린아이 너무도 심심하여
긴 장대 훔쳐다가 참새 둥지 부셨도다.
참새 목숨 하찮게 봐 애석타 않았으니,
잔인한 아이 마음 죄업 씻기 어려웠네.

(석안夕顏의 시)

誰家稚子太無聊, 偸把長竿毁雀巢,
雀命區微人不惜, 童心殘忍罪難消.

(夕顏詩)

老骥羸驴踱踱筝车
重坡高敞上难无谢
路人无爱惜肯持一
臂抚车辋

上坡

오르막 길의 자비 [上坡]

늙은 나귀 여위고 목 가죽 뚫렸는데

수레 무겁고 언덕 높아 오르기 힘겨웠네.

길손이 고맙게도 측은히 여겨서는

기꺼이 한 팔로다 수레를 밀어주네.

(석무夕霧의 시)

老驢羸瘦頸皮穿, 車重坡高欲上難,

多謝路人垂愛惜, 肯將一臂挽車欄.

(夕霧詩)

谁家稚子思作钓竿
绳系住珐琅佬佯
逃得性命四处东来
绊挽不脱

终身霸绊

영원한 속박 [終身羈絆]

어느 집 개구쟁이 심술궂게 장난쳐서,

긴 줄로 잠자리의 다리를 묶어뒀네.

요행히 도망쳐서 목숨을 건졌대도

평생 묶인 굴레는 떨칠 수 없으리라.

(학동의 시)

誰家頑童惡作劇, 長繩繫住蜻蜓脚,

僥幸逃得性命回, 終身束縛擺不脫.

(學童詩)

送蟻遠家園

길 잃은 작은 생명 [送蟻還家園]

하교하여 일찍 집에 돌아와 보니
어머니께서 반기시며 기뻐하시고
내 대신 책가방을 걸어 주시며,
달콤한 떡 먹으라 권하시었네.
갑자기 책가방 위 살펴 봤더니
한 마리의 개미가 빙빙 돌면서
집 잃은 듯 허둥지둥 하고 있었고,
도움을 구하듯이 안절부절하네.
이 개미는 자기 집 어디에 있나?
학교 책상 모퉁이에 바로 있겠지.
우연히 문을 나가 놀고 있다가
책가방 가장자리 올라갔으리.
내게 이끌려 멀리 오고 말았으니,
그 길이 수만 리나 되어 버렸네.
난 이미 집에 안전히 도착했지만
이 개미는 집으로 가기 어렵네.
개미에게도 어미가 있을 터이니
지금쯤 새끼 오길 기다리겠지.

새끼가 돌아옴을 보지 못하면,
눈 빠지게 기다리고 있을 것이네.
이런 생각에 마음 편치 않아서
달콤한 떡 목으로 안 넘어가네.
서둘러 종이상자 가져와서는
개미에게 그 안에 머물길 청하고
상자 들고 학교로 돌아가서는
개미를 제집으로 돌려보냈네.

(소군小君의 시)

放學歸來早, 慈母相見歡,
替兒掛書包, 勸兒吃糕團.
忽見書包上, 有蟻正盤旋,
皇皇如喪家, 急急如求援.
此蟻家何在, 家在課桌邊,
偶然出門遊, 爬上書包緣.
被我帶着走, 道路幾萬千,
我已安抵家, 此蟻還家難.
蟻亦有慈母, 正在望兒還,
不見兒歸來, 望眼將欲穿.

念此心不安, 糕團難下咽,

連忙用紙匣, 請蟻居其間,

持匣返學校, 送蟻還家園.

(小君詩)

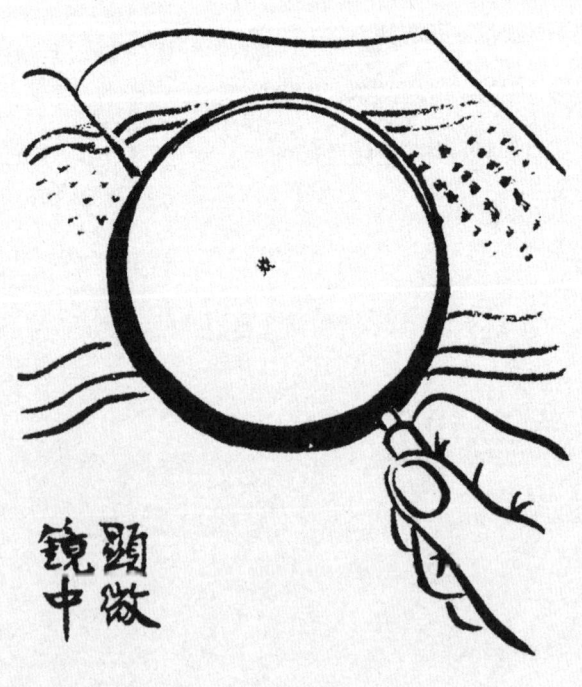

镜头微中

閒未辰詩尚使志憲訓誨兒書夏上
有此培培鞘其毛如毛此其心如竹孔
發微伏下有一有心頭諌此乃一生命
形竹小甲葉百禮使宛俯頭向何崢嶸
急忙此前走皇皇如有筈躯扶誰卷小
壬命牛人閒詩威册子頁山氣忽夫踪
快哉大化中不知其所終
　　伬伬齋主人詩　　　　　　雁志軍

작은 생명의 발견 [顯微鏡中]

한가로이 시집을 펼쳐보고는,
마음껏 소리 내서 읊조리었네.
갑작스레 책장의 한 면을 보니
어떤 동물 꿈틀꿈틀 움직이었네.
빛깔로는 검은색 점과 같았고,
작기로는 바늘의 구멍 같았네.
현미경을 가져다 들여다보니
한번 보자 소름이 끼치었다네.
이것 바로 하나의 생명체인데,
모습은 작은 껍질 벌레 같았네.
모든 기관 다 완전히 갖춰졌는데
머리 뿔 어찌 그리 우뚝하던지.
서둘러 앞 향해서 달려가노니
허둥댐이 무언가 꾀하려는 듯.
몸뚱이는 비록 아주 작지만,
생명 갖고 있는 건 사람과 같네.
맑은 바람 책장을 넘기어대자,
작은 벌레 갑자기 사라져서는

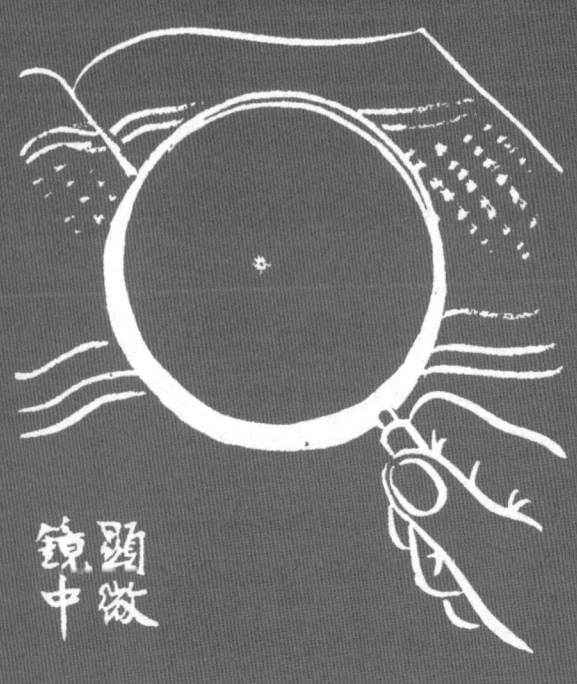

鏡中顯微

開卷展诗品使之忘讳涵泳之无才重上
百纸好诗不有一首必須读此ㄋ一之令
鏡微纶下者可讀读幽乃必傳镜面何字摩
对仔细甲苏万情俱尼傅镜面何字摩
意化四者文字至如青苹蓝精诸老小
至今多人同诗且甜才自以表忠未除
使振文化中不朽去此传
　　　頂保寺文人叶　頂志了

대자연 조화 속에 내맡겨졌으니,

그 마지막 종착지 알 길 없구나.

(연연당주인의 시)

閑來展詩篇, 隨意恣諷詠,

忽見書頁上, 有物蠕蠕動.

其色如墨點, 其小如針孔,

顯微鏡下看, 一看心頭竦.

此乃一生命, 形似小甲蟲,

百體俱完備, 頭角何崢嶸.

急忙向前走, 皇皇如有營,

軀體雖甚小, 秉命與人同.

淸風翻書頁, 小蟲忽失踪,

縱浪大化中, 不知其所終.

(緣緣堂主人詩)

道旁有二柳枯槁不但去八月
鹏肌吹一柳壹睡朽光新一文
主幹三丈當谁知春風来新上嫩芽
出行人皆欢咁天地有大德
朱在诗 崔志青

重生

꺾이지 않는 생명력[重生]

길가에는 두 그루 버들 서 있어

가지와 잎 얼마나 무성했던가.

팔월 달에 태풍이 불어닥치자,

한 그루 버드나무 허리 꺾였네.

빛나는 줄기는 한 두 길 되는데,

석 달 동안을 서서 눈 맞고 있네.

누가 알리오. 봄바람 불어오니,

줄기 위에 연한 새싹 돋아날 줄을

지나가는 이들이 모두 감탄하며

"천지는 생명을 소중히 여기네"

(주작朱雀의 시)

道旁有二柳, 枝葉何稠密,

八月颶風吹, 一柳當腰折.

光幹一二丈, 立盡三冬雪,

誰知春風來, 幹上嫩芽出,

行人皆歌頌, 天地好生德.

(朱雀詩)

含笑向朝陽

一开牵牛花含笑向朝阳
文情密韵娇姿逗人怜如屋花
令芳花主一根一立根新佳花柴
皆洞觉此花雅致小家碧人世悟

明石诗
庞志卡

한 무더기의 나팔꽃 [含笑向朝陽]

한 무더기 피어있는 나팔꽃이

미소 띠며 아침 햇빛 향하고 있네.

고운 모습 맑은 이슬 어우러져서,

선명한 아름다움에 마음 반하네.

마땅히 알아야 하리. 꽃들의 생명은

하나의 뿌리에다 맡겨 두는 걸.

하루아침에 뿌리 끊어진다면

꽃과 잎새 다 시들어 떨어지리라.

이 꽃은 비록 아주 작기는 하나,

인간 세상의 정을 말해준다네.

(명석明石의 시)

一群牽牛花, 含笑向朝暾,

艶色交淸露, 鮮姸愛殺人.

須知群花命, 寄托在一根,

一旦根斷絶, 花葉皆凋零.

此花雖藐小, 象徵人世情.

(明石詩)

有人患了病进口经内营计
经失和觉饮食不能吞食
葡萄糖注射脉计乾，瓶
中花点插此病人花来讲完
好枝下已业根用茎吸养料为
且延残生 汪中诗 賈昱书

用茎吸养料 苟且延残生

꽃병 속의 삶 [用莖吸養料, 苟且延殘生]

어떤 사람 기이한 병 앓고 있어서,

여러 날을 깊은 잠에 빠져 있었네.

신경이 마비되어 감각 잃어서

음식조차 삼킬 수 없게 되었네.

온전히 포도당에 의지하여서,

정맥에다 주사 바늘 꽂게 됐으니

곱디 고운 병 속에 있는 꽃도

이 병든 사람과 같은 처지네.

꽃과 잎새는 비록 아름답게 폈으나

가지 아래 뿌리는 이미 없었네.

줄기로 영양분을 빨아들이며

구차하게 남은 생명 연장시키네.

(부주浮舟의 시)

有人患奇病, 連日睡昏昏,

神經失知覺, 飮食不能呑,

全賴葡萄糖, 注射靜脈針.

艶艶甁中花, 亦猶此病人,

有人患牙病连日绞痛呻吟
几夫牙龈饮食不能吞食粳
菊花指汁种将脓汁饮,瓶
中花已播此病人花束插在
瓶枝下心有根日菊瓜香种芳
亚延残生日中味 贾秀玉

用菊吸养料 苟且延残生

花葉雖完好, 枝下已無根,

用莖吸養料, 苟且延殘生.

(浮舟詩)

欣欣向榮

窗有瓦礎東上長一莖草撇葉
何青青長枝何窗寬迎風勁拌
春快日和做美合春雨齋思倍
怜清春枕此草何名稱我也不
知還任其天地間欣欣中意好

落華詩
廣燕書

기와 틈에 핀 풀 [欣欣向榮]

창문 앞에 있는 기와 틈새에
한 포기 풀이 고개 내밀었으니,
여린 잎은 어찌 그리 푸르르고,
긴 가지는 어찌 그리 아름다운가.
바람 맞으면 절하며 춤을 추고,
햇볕 받으면 미소 띠는 것 같네.
온전히 비와 이슬에 힘을 입어서,
충분히 자양분을 공급받았네.
이 풀 어떤 이름으로 불려지는지,
나는 전혀 알지를 못하겠지만,
다만 기쁜 것은 천지 사이에
생동하는 생기가 넘쳐남이네.

(낙엽의 시)

窓前瓦縫裏, 生長一莖草,
嫩葉何靑靑, 長枝何窈窕.
迎風勤拜舞, 映日如微笑,
全靠雨露恩, 供給滋養料.

欣欣向荣

岂有无缘家，七表·芸草鞋茅
何青青春长枝何须觅过凡粘样
事此心如做美食者而安息供
给活香叶此草何者怀我也不
如达但与天地间欣欣皆意好

活季诗
唐愚书

此草何名稱, 我也不知道,

但喜天地間, 欣欣生意好!

(落葉詩)

一畦韭菜兩畦花，生就枝藤好逞誇。
你竹籬頭鑽出他，他土牆竹籬鑽。
盡生意手去花蔓生空中搖曳
向秋光好此番依光岐途偶偶傯

冰泉詩　崔惹書

花蔓在空中搖曳向秋光

갈곳 잃은 넝쿨 [花蔓在空中, 搖曳向秋光]

한 무더기의 나팔꽃이

채색 담장 옆에서 자라나 있네.

대나무 말뚝에 매달려 올라가,

차츰 담장 위로다 기어오르네.

대나무 말뚝 다 타고 올라갔어도,

생명 의지 아직도 다하지 않네.

꽃 넝쿨은 허공에 매달려 있어,

가을 햇살 향해서 흔들거리네.

마치 의지할 데 없는 아이처럼

갈림길에서 홀로 방황하였네.

(냉천冷泉의 시)

一叢牽牛花, 生在粉牆旁,

攀緣竹釘頭, 漸漸爬上牆.

竹釘已爬盡, 生意正未央,

花蔓在空中, 搖曳向秋光,

好比無依兒, 歧途獨彷徨.

(冷泉詩)

空山小劫

一朵蒲公英生在深山中花辦
個箇黃毛枝葉結着葱蘢好景事
三合天地如此風忽有遊山客大
步登高峯忽然脚ㄚ掌花枝看
去衡量貴重擠殘玉容一場空
苦李詩 書惠書

산행객의 무심한 발길 [空山小劫]

한 송이 민들레 꽃이 곱게 피어서

깊디 깊은 산 속에 자라고 있네.

꽃송이는 황금빛 찬란하였고,

가지 잎새 푸르고 무성하였네.

길가에 우뚝하게 서 있어서

봄바람에 미소를 머금고 있네.

문득 산행하는 한 나그네 와서

성큼성큼 봉우리에 오르는데,

거친 신발 무거운 발걸음에

꽃과 가지 부딪혀 꺾여갔으니,

고운 모습 모조리 망가져가고,

아름다운 풍경 순간 사라지었네.

(낙엽의 시)

一朶蒲公英, 生在深山中,

花瓣金黃色, 枝葉綠青蔥,

當路亭亭立, 含笑向春風,

忽有遊山客, 大步登高峰,

空山小劫

一朵蒲公英生在深山中花辦
個黃色枝葉綠育蔥蒼枝幹亭
亭合文此女仙悠有避山谷人
弗登高峰若非腳力者花枝尚
主術莊覺甚堪淺玉芳一何空
岳堇村丁巳秋圖

芒鞋脚力重,花枝當其衝,

麗質盡摧殘,美景一場空.

(落葉詩)

菊萎墻開臥地花

連飛又作迎風舞菊
萎墻開臥地花秋盡
草根燒不死春來枯
木又生芽 河間雜詩
賈悲書

생명의 끈질긴 의지 [菊萎猶開臥地花]

쑥대는 날아 다시 돌개바람에 춤을 추고,

시든 국화 여전히 땅에 누워 꽃 피우네.

가을 지나 뿌리 타도 죽지를 않았으니

봄 오면 나무에서 새싹이 돋아나네.

(아도리阿闍梨의 시)

蓬飛更作回風舞, 菊萎猶開臥地花,

秋盡草根燒不死, 春來枯木又生芽.

(阿闍梨詩)

茫茫世界 芸芸众生 升沉悲欢

弱肉强食 弱肉强食 茫茫之徒 丧尽刀俎

恩怨舍散 生不顾人 与邂世者

光遂人群 于中诗 唐忠

大鱼
唆小鱼
小鱼
唆虾蛆

약육강식의 세계 [大魚啖小魚, 小魚啖蝦蛆]

아득히 넓디 넓은 이 세계에는

무수한 생명들이 살고 있다네.

높고 낮음 차이가 너무 심하니,

약자는 강자에게 삼켜지누나.

가혹하던 정치는 그 사나움이

칼과 도마보다도 더 매서우니

짐승까지 생각이 미치었거든,

어찌 사람 돌보지 않을 것인가?

생명을 보호하려 하는 사람은

먼저 사람 보호에서 시작하리라.

(학동의 시)

茫茫世界, 芸芸衆生,

升沉懸殊, 弱肉強吞.

苛政之猛, 甚于刀砧,

思及禽獸, 豈不顧人?

善護生者, 先護人群.

(學童詩)

作菩萨士夫 悲愍相针孔游 俯仰天地间
遍闻悲哗 浮岸彼边方 天苦无千亿
全当何悲泳 苦楽大不均 大无唉小无
的曲张若右 生生世兄中 大熟上水涯
无時大電花 香波讲众生 宣讲慈悲苦
證七光道人

月子弯弯照九州
我家欢笑萬家愁

먼저 사람을 구하라 [月子彎彎照九州, 幾家歡笑萬家愁]

생명 보호 그림을 다 그리고 나서
난간 기대 가슴을 활짝 펴보니
천지 사이 굽어보고 올려다볼 때
멀리서 슬픈 탄식 소리 들리네.
소리는 먼 곳에서 들려오는데
모두가 불평하는 울음소리이네.
빈부 차이 얼마나 현격하던가?
고락이 너무나도 일정치 않네.
큰 물고기 작은 놈 삼켜버리고
약한 놈은 강한 놈에 삼켜지나니,
괴로운 사바세계 사는 속에선
불길 뜨겁고 물은 깊기만 하네.
어찌하면 커다란 뗏목을 얻어,
모든 중생 건너게 할 수 있을까?
자비로운 이들에게 말을 하노니
살리는 일 사람부터 살려야 하리.

(학동의 시)

作者造七言悉调仰俯浮仰天地间
道间恩浑举昨经遠方天主支不千古
食否竹思欲若等长不约大无遺心立
為由怀者若是染世见中大热上小遊
女辞大堂花寺逐识知怀宗活息恋悲
達亡光達人

月子弯～眨九州
我家欢笑万家愁

作罷護生畫,憑欄舒胸襟,

俯仰天地間,遙聞悲歎聲.

聲從遠方來,盡是不平鳴,

貧富何懸殊,苦樂太不均.

大魚唹小魚,弱肉強者吞,

娑婆世界中,火熱與水深.

安得大寶筏,普渡諸衆生?

寄語慈悲者,護生先護人.

(學童詩)

생명의 이치 [延年益壽]

태어남 있으면 꼭 죽음 있으니
어떤 이가 영원히 살 수 있으리.
죽음에 이르지 않은 동안에는
절대 생명 해치지 말아야 하네.
스스로 태어났다 스스로 죽는 것은
천지의 변함없는 이치이니,
만물이 제 수명을 다 누리는 것이
태평성세 상서로운 징표이라네.

(학동의 시)

有生必有死, 何人得靈長?
當其未死時, 切勿加殺傷.
自生復自死, 天地之恒常,
萬物盡天年, 盛世之嘉祥.

(學童詩)

西商李盛庭買一馬,極馴良,惟道逢白馬必立而注視,或望見白馬必馳而追及,後與原主人談及,原主曰此本白馬所生時二覓其母也,是馬也有人心焉。

閱微草堂筆記

馬戀其母

어미를 그리는 말 [馬戀其母]

서상西商인 이성정李盛庭이 말 한 필을 샀는데 매우 잘 길들여져 있었다. 그런데 길을 가다가 흰 말을 만나면 반드시 멈춰 서서 눈여겨보았고, 더러는 흰 말을 바라보면 반드시 달려가서 따라 잡았다. 그 뒤에 말의 원래 주인과 함께 말을 나누게 되었는데, 원래 말 주인이 말하였다.

"이 말은 본래 흰 말이 낳은 것으로 늘 그 어미를 찾곤 했소."

이 말은 사람의 마음을 지녔구나!

(『열미당초당기閱微草堂筆記』에 실려 있다.)

西商李盛庭買一馬, 極馴良. 惟道逢白馬, 必立而注視; 或望見白馬, 必馳而追及. 後與原主人談及, 原主曰 : "此本白馬所生, 時時覓其母也." 是馬也, 有人心焉! (『閱微草堂筆記』)

淮安城中民家有母犬烹而食之其三子犬各銜母骨抱土埋之伏地悲鳴不絕里人見而異之共傳爲孝犬云

聖師錄

犬埋母骨

어미를 장사지낸 개들 [犬埋母骨]

회안淮安 성 안에 어느 백성의 집에 어미 개가 있었는데, 주인이 어미 개를 삶아서 먹었다. 그러자 세 마리의 강아지들이 각자 어미의 뼈를 물고 흙을 모아다가 묻어 주었다. 강아지들은 땅에 엎드려 슬피 우기를 그치지 않았으니, 마을 사람들이 그 광경을 보고서 놀라워하며 이를 '효성스러운 개'라고 널리 전하였다.

(『성사록聖師錄』에 실려 있다.)

淮安城中民家有母犬, 烹而食之. 其三子犬各銜母骨, 抱土埋之. 伏地悲鳴不絕. 里人見而異之, 共傳爲孝犬云. (『聖師錄』)

村民趙某家犬生子甫兩月隨
母行母為虎噬某呼鄰里壯士
持矛逐之稚犬奔銜虎尾虎帶
之走犬為荊棘挂胸皮毛殆盡
終不肯脫虎因繫累行遲眾追
及斃刀下

警心錄

稚犬斃虎

어린 개의 용기[稚犬斃虎]

마을 백성 조씨의 집에서 개가 새끼를 낳았다. 갓 두 달 된 새끼가 어미를 따라 다니다가, 어미는 호랑이 밥이 되었다. 조씨가 이웃 장정들을 불러 창을 들고 쫓게 하였다. 그러자 어린 개가 달려가 호랑이 꼬리를 물었다. 호랑이는 개를 꼬리에 매단 채 달아났다. 개는 가시덤불에 가슴이 걸려 가죽과 털이 거의 다 벗겨졌지만, 꼬리를 끝내 놓지 않았다. 호랑이는 개 때문에 달리기가 지체되어 사람들이 따라 잡게 되었고 결국 칼에 맞아 죽었다.

(『경심록警心錄』에 실려 있다.)

村民趙某家, 犬生子. 甫兩月, 隨母行, 母爲虎噬. 某呼鄰里壯士, 持矛逐之. 稚犬奔銜虎尾, 虎帶之走. 犬爲荊棘挂胸, 皮毛殆盡, 終不肯脫. 虎因繫累行遲, 衆追及, 斃刀下. (『警心錄』)

猴子塞創

鄧芝見猿抱子在樹上，引弩射之，中猿母，其子為拔箭，以木葉塞創，芝乃嘆息，投弩水中。

蜀志鄧芝傳注題

원숭이 새끼의 효심[猴子塞創]

등지^{鄧芝}가 바라 보니 원숭이가 새끼를 안고 나무 위에 있었다. 그가 쇠뇌를 당겨 쏘아 어미 원숭이를 맞혔다. 새끼 원숭이가 어미를 위해 화살을 뽑고 나뭇잎으로 상처를 메웠다. 이를 본 등지는 탄식하며 쇠뇌를 물속에 던져 버렸다.

(『촉지^{蜀志}・등지전주^{鄧芝傳注}』에 실려 있다.)

鄧芝見猿抱子在樹上. 引弩射之, 中猿母. 其子爲拔箭, 以木葉塞創. 芝乃嘆息, 投弩水中. (『蜀志・鄧芝傳注』)

烏鴉烏鴉對我叫，烏鴉真
真孝烏鴉差了不骹飛對
着小鴉啼小鴉朝二打食
歸打食遍來先餵母二親
逆前餵過我

兒歌選

慈烏反哺

까마귀가 어미를 먹이다 [慈烏反哺]

까마귀여 까마귀여 날 마주해 울고 있으니

까마귀는 참으로 효성이 지극하네.

늙은 까마귀 날 수 없게 되었으니,

새끼 까마귀 향해 울어대네.

새끼 까마귀 아침마다 먹이 찾아 나갔다가,

먹이 찾아 돌아와서 먼저 어미 먹이니

어미가 예전에 날 먹여 주어서네.

(아이의 노래이다.)

烏鴉烏鴉對我叫, 烏鴉眞眞孝. 烏鴉老了不能飛, 對着小鴉啼. 小鴉朝朝打食歸, 打食歸來先餵母, 母親從前餵過我 (兒歌)

鮮于氏眉州人因合藥碟一蝙蝠爲末及和劑則有小蝙蝠數頭圍集其上目皆未開盖識母氣而来也一家爲之灑淚．

警心錄選

識母氣

어미의 기운을 알다 [識母氣]

선우씨鮮于氏는 미주眉州사람이다. 약을 조제하기 위해 박쥐 한 마리를 빻아 가루로 만들었다. 약제와 섞자 곧바로 어린 박쥐 몇 마리가 그 주위에 모여들었다. 아직 눈도 뜨지 못한 새끼들이었는데, 어미의 기운을 알아보고 온 것이었다. 온 집안 사람들이 이 광경에 눈물을 흘렸다.

(『경심록警心錄』에 실려 있다.)

鮮于氏, 眉州人, 因合藥, 礫一蝙蝠爲末. 及和劑, 則有小蝙蝠數頭圍集其上, 目皆未開, 蓋識母氣而來也. 一家爲之灑淚. (『警心錄』)

宋崇寧間，東阿董熙載飲於村落，醉逾墜馬，臥道次，馬轡持於手。忽有盜至，盡解其衣，又欲其馬，方俯首取轡，馬遽嚙盜鬐，盜不得去，逮熙載醉醒，盡返取還所失物，馬始縱盜。

陶朱新錄

華嚴塚

의로운 사슴의 무덤[義鹿塚]

은대후銀台侯 광성선생廣成先生의 집에서 사슴 한 마리를 요봉堯峰이란 곳에서 방목하였다. 몇 해가 지나 은대후가 죽자, 사슴이 날뛰다가 뿔이 부러졌고 여러 날을 먹지 않다가 또한 죽었다. 산승山僧이 불쌍히 여겨 장사를 지내주고 비갈碑碣에 '의록총義鹿冢'이라 새겼다.

(『성사록聖師錄』에 실려 있다.)

銀台侯廣成先生家, 放一鹿於堯峰. 數年, 侯死. 鹿跳躑斷角, 累日不食, 亦死. 山僧憐而葬之, 碣曰 "義鹿冢". (『聖師錄』)

馬獬擒盜

滁州一山僧被盜殺死徒
注報官畜犬尾其後至一
酒肆中盜方群聚鋌飲犬
急奔噬盜足眾以爲異執
之至官立訊伏法

聖師錄

도둑을 잡은 말[馬能擒盜]

송宋나라 숭령崇寧 연간에 동아東阿의 동희재董熙載가 마을에서 술을 마셨다. 술에 취해 돌아오다 말에서 떨어져 길가에 누워 있었는데, 말 고삐를 손에 쥐고 있었다. 갑자기 도둑이 나타나 그의 옷을 모두 벗기고, 말까지 빼앗으려 몸을 숙여 고삐를 잡으려 하자, 말이 갑자기 도둑의 상투를 물어 도둑이 도망가지 못하게 했다. 동희재가 술이 깬 후에 일어나서, 잃어버린 물건을 모두 되찾았고, 말은 그제야 도둑을 놓아주었다.

(『도주신록陶朱新錄』에 실려 있다.)

宋崇寧間, 東阿董熙載飮於村落, 醉歸, 墜馬, 臥道次, 馬韁持於手. 忽有盜至, 盡解其衣, 又欲其馬, 方俯首取韁, 馬遽嚙盜髻, 盜不得去. 逮熙載醉醒, 盡復取還所失物, 馬始縱盜.
(『陶朱新錄』)

明初,無錫張尚書丁艱歸里,一日出訪交道中有蠢蛇纏其左足,有大隨行犬嚙蛇數段,始得無事,而犬以蠢斃,尚書裹以筦席而埋之,作義犬志.

酌泉錄

犬能捕蛇

범인을 찾아낸 개[犬能捕盜]

저주(滁州)에 사는 한 명의 산속 승려가 도둑에게 살해당했다. 제자들이 관청에 보고하러 갔는데, 승려가 기르던 개가 뒤를 따라갔다. 한 술집에 이르렀을 때 도둑이 모여 흥청거리며 술을 마시고 있었다. 개가 갑자기 달려가 도둑놈의 발을 물어뜯었다. 사람들이 이를 기이하게 여겨 그를 붙잡아 관청에 넘기니, 곧바로 심문한 후 사형에 처하였다.

(『성사록聖師錄』에 실려 있다.)

滁州一山僧, 被盜殺死. 徒往報官, 畜犬尾其後. 至一酒肆中, 盜方群聚縱飮. 犬忽奔噬盜足. 衆以爲異, 執之至官, 立訊, 伏法. (『聖師錄』)

江寧王御史父某，有老妾，年七十餘，畜十三貓，愛如子女，各有名字，呼之即至。乾隆己酉，老婦亡，十三貓繞棺哀鳴，饋以魚不食，飢三日而死。

犬斃毒蛇

독사에 물려 죽은 개[犬斃毒蛇]

명明나라 초기에 무석無錫 장상서張尙書가 어머니 상을 당해 고향으로 돌아갔다. 하루는 나가서 친구를 찾아갔는데, 도중에 독사毒蛇가 그의 왼발을 감았다. 함께 따라 가던 개가 독사를 여러 조각으로 물어뜯어 비로소 장상서는 무사하게 되었으나, 개는 독사의 독에 중독되어 죽었다. 장상서는 개를 대자리에 싸서 묻어 주고는 『의견지義犬志』를 지었다.

(『작천록酌泉錄』에 실려 있다.)

明初, 無錫張尙書丁艱歸里. 一日出訪友, 道中有毒蛇纏其左足. 有犬隨行, 犬嚙蛇數段, 始得無事, 而犬以毒斃. 尙書裹以筦席而埋之, 作『義犬志』. (『酌泉錄』)

角東孀婦色張氏因夜紡無伴乃畜一鵝居數年孀婦卒鵝繞其柩三匝哀鳴而斃於柩旁族人瘞之於張氏墓側碣曰義鵝塚。

勸世叢談

貓殉主

충직한 열세 마리 고양이[猫殉主]

강령江寧의 왕 어사王御史 아버지가 아무개였는데, 그에게 일흔이 넘은 늙은 첩이 있었다. 그녀는 열세 마리 고양이를 기르며 자식처럼 사랑했다. 고양이마다 각자 이름을 지어주었는데, 이름을 부르면 곧바로 달려왔다. 건륭乾隆 기유己酉년에 늙은 첩이 세상을 떠나자, 열세 마리 고양이가 관 주위를 빙빙 돌며 슬피 울었다. 물고기를 주어도 먹지 않더니, 사흘을 굶다가 모두 죽고 말았다.

(『신제해新齊諧』에 실려 있다.)

江寧王御史父某, 有老妾年七十餘. 畜十三猫, 愛如子女, 各有名字, 呼之即至. 乾隆己酉, 老婦亡, 十三猫繞棺哀鳴. 餵以魚, 不食, 飢三日而死. (『新齊諧』)

明英宗陷北營已先雪夜令人行刺其人見一大蟒蛇繞護帳外畏怖而去自是稍加敬禮.

明逸紀聞

伴侶

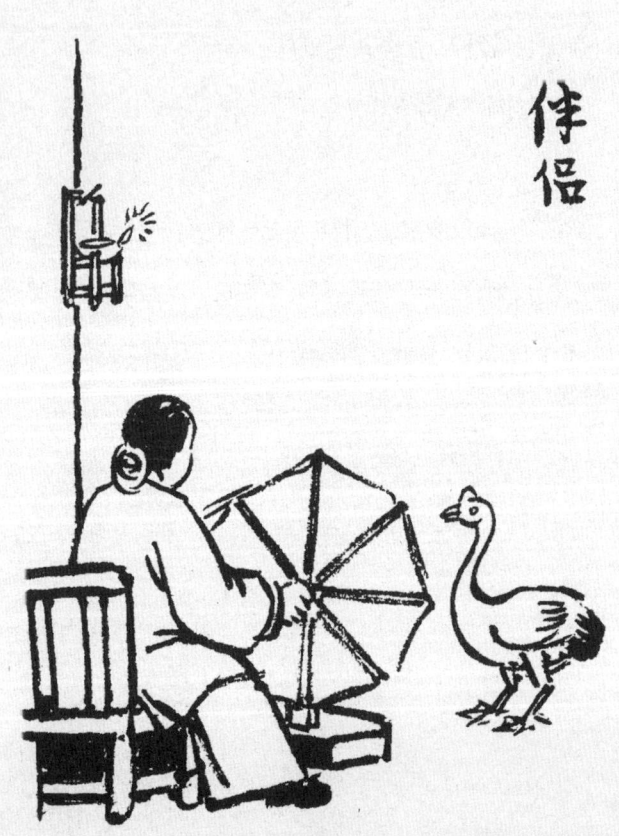

의리 깊은 반려 거위[伴侶]

용동甬東에 청상과부 포장씨包張氏가 있었다. 밤에 길쌈할 때 짝이 없어 한 마리 거위를 길렀다. 두세 해를 함께 살다가 과부가 세상을 떠나자, 거위가 그 관을 세 바퀴 돌며 슬피 울더니 관 옆에서 죽고 말았다. 족인族人들이 장씨의 묘 옆에 거위를 묻어주고, 비석에 '의아총義鵝冢'이라 새겼다.

(『권세총담勸世叢談』에 실려 있다.)

甬東孀婦包張氏. 因夜紡無伴, 乃畜一鵝. 居數年, 孀婦卒. 鵝繞其柩三匝, 哀鳴而斃於柩旁. 族人瘞之於張氏墓側, 碣曰 '義鵝冢'. (『勸世叢談』)

湘東王脩竹林堂新構太守鄭裒送雌鶴於堂留莫雄者在宅霜高月冷無夕不淚聞者墮淚忽有一鶴飛赴堂中驅之不去即鄭宅之雄也。

蛇護屋王

황제를 지킨 신비로운 구렁이[蛇護房王]

명明나라 영종英宗이 북영北營에 포로로 잡혔다. 야선也先이 눈 내리는 밤에 사람을 보내 암살하려 했다. 그 사람이 가 보니 큰 구렁이 한 마리가 장막 밖을 빙빙 돌며 보호하고 있어, 두려워 그냥 돌아갔다. 이로부터 야선은 점차 영종에게 공경하는 예를 더했다.

(『명통기明通紀』에 실려 있다.)

明英宗陷北營. 也先雪夜令人行刺. 其人見一大蟒蛇繞護帳外, 畏怖而去. 自是稍加敬禮. (『明通紀』)

明成化六年十月間塩城天縱湖漁夫見鴛鴦群飛，弋其雄者而烹之，其雌者隨棹飛鳴不去，漁夫方啟釜，卽投沸湯中死。

聖師錄

求侶

헤어진 학들의 재회 [求侶]

상동湘東의 왕수王修가 죽림당竹林堂을 새로 지었다. 태수太守 정부鄭裒가 암컷 학을 죽림당에 보내주고, 수컷은 자신의 집에 두었다. 서리가 내리고 달빛이 차가워지자, 밤마다 눈물지으며 울지 않은 적이 없어 그 소리를 듣는 이들도 눈물을 흘렸다. 어느 날 갑자기 한 마리 학이 날아와 당 안으로 들어왔는데, 쫓아도 떠나지 않았다. 바로 정씨 집에 있던 수컷이었다.

(『저궁고사渚宮故事』에 실려 있다.)

湘東王修, 竹林堂新構. 太守鄭裒送雌鶴於堂, 留其雄者在宅. 霜高月冷, 無夕不淚, 聞者墮淚. 忽有一鶴飛赴堂中, 驅之不去, 卽鄭宅之雄也. (『渚宮故事』)

元裕之赴試并州道逢捕雁者獲一雁殺之其脫綱者悲鳴不能去竟自投於地而死因葬之號曰雁邱

梅磵诗话

鴛鴦殉侶

끓는 물에 몸을 던진 원앙[鴛鴦殉侶]

명明나라 성화成化 6년 10월, 염성塩城 천종호天縱湖의 어부가 원앙새 떼가 나는 것을 보고, 수컷을 쏘아서 잡고 삶아 먹었다. 암컷이 배의 노를 따라 날며 울기만 하고 떠나지 않았다. 어부가 가마솥 뚜껑을 열자, 암컷이 곧바로 끓는 물속으로 몸을 던져 죽었다.

(『성사록聖師錄』에 실려 있다.)

明成化六年十月間, 塩城天縱湖漁夫, 見鴛鴦群飛, 弋其雄者而烹之. 其雌者隨棹飛鳴不去. 漁夫方啓釜, 卽投沸湯中死. (『聖師錄』)

雁塚

王一槐司鐸銅陵時言有民舍除宿煙袚除不祥一雄雁觸煙而下家人以為不祥也烹之明晨又一雁飛鳴繞檐數日亦墮而死

聾師錄

기러기의 애절한 사랑[雁邱]

원유지元裕之,원호문을가리킴가 병주並州에 시험 보러 갔을 때, 길에서 기러기를 잡는 자를 만났다. 한 마리는 잡아 죽였고, 그물에서 벗어난 다른 기러기는 슬피 울며 떠나지 못하다가 마침내 땅바닥에 몸을 던져 죽었다. 원유지가 죽은 기러기를 묻어주고, 그곳을 '기러기 무덤[雁丘]'이라 불렀다.

(『매간시화梅磵詩話』에 실려 있다.)

元裕之赴試幷州, 道逢捕雁者. 獲一雁殺之, 其脫網者悲鳴不能去, 竟自投於地而死. 因葬之, 號曰 '雁邱'. (『梅磵詩話』)

江浙平章某宅,養二鴿,其雄者為貓所食,家人以他雄配之,憤鬪而死,謝子蘭作義鴿詩以弔之。

聖師錄

雁殉侶

짝 잃은 기러기의 슬픔[雁殉侶]

왕일궤王一槐가 동릉銅陵에서 사역司鐸으로 있을 때, 다음과 같은 이야기를 했다. 어떤 백성의 집에서 섣달 그믐날 밤에 연기를 피워 부정한 것을 씻어내어 제거하는 일이 있었다. 수컷 기러기가 연기를 맞고 떨어지자, 그 집 사람들이 상서롭지 못하다 여겨 삶아 먹었다. 이튿날 아침, 또 다른 기러기가 울며 날아와 처마를 빙빙 돌더니 며칠 후 땅에 떨어져 죽었다.

(『성사록聖師錄』에 실려 있다.)

王一槐司鐸銅陵時, 言有民舍除夜燎煙, 祓除不祥. 一雄雁觸煙而下, 家人以爲不祥也, 烹之. 明晨, 又一雁飛鳴繞檐, 數日亦墮而死. (『聖師錄』)

義鴿

宋真宗祀汾陽日見一羊
自擲道左怪問之左右對
曰今日尚食殺其羔真宗
不樂自是不殺羊羔

同生錄

재혼을 거부한 비둘기[義鴿]

강절江浙 지역의 평장平章인 아무개의 집에서 두 마리 비둘기를 길렀다. 수컷 비둘기가 고양이에게 잡혀 먹히자, 집안 사람들이 다른 수컷으로 짝을 맺어 주었더니 암컷이 분노하여 싸우다가 죽었다. 사자란謝子蘭이 「의로운 비둘기 시義鴿詩」를 지어 애도하였다.

(『성사록聖師錄』에 실려 있다.)

江浙平章某宅, 養二鴿. 其雄者爲猫所食. 家人以他雄配之, 憤鬪而死. 謝子蘭作「義鴿詩」以吊之. (『聖師錄』)

戈陽方家墩吳家犬生數子，令其僕攜溺於河，僕私烹之。犬躡僕後，目睹其狀，號叫悲酸，以頭觸柱而死。

廣信府志選

羊殉亡恚

새끼를 잃은 어미 양[羊殉亡羔]

송宋나라 진종眞宗이 분양汾陽에서 제사를 지내던 날, 양 한 마리가 스스로 길 왼쪽으로 몸을 던지는 것을 보았다. 괴이하게 여겨 물으니, 좌우에 있던 사람들이 대답했다.

"오늘 상식尙食이 그 새끼 양을 죽였습니다."

진종이 기뻐하지 않고, 이때부터 새끼 양을 죽이지 않았다.

(『동생록同生錄』에 실려 있다.)

宋眞宗祀汾陽日, 見一羊自擲道左. 怪問之, 左右對曰: "今日尙食, 殺其羔." 眞宗不樂, 自是不殺羊羔. (『同生錄』)

母犬䑛柱

隋大業二年新佐興服儀
衛課州縣送羽毛民求捕
之殆無遺類烏程有高樹
逾百尺上有鶴巢民欲取
之不可乃伐其根鶴恐殺
其子自技鷿毛投地

새끼 잃은 어미개 [母犬觸柱]

과양戈陽 방가돈方家墩 오吳씨 집에 개가 새끼 몇 마리를 낳았다. 주인이 종을 시켜 새끼들을 끌고 가 강에 빠뜨려 죽게 하였는데, 종이 몰래 개를 삶아 먹었다. 어미개가 종의 뒤를 따라가 그 상황을 눈으로 보고는 슬프고 쓰라리게 울부짖으며 머리를 기둥에 부딪쳐 죽었다.

(『광신부지廣信府志』에 실려 있다.)

戈陽方家墩吳家, 犬生數子. 令其僕携溺於河, 僕私烹之. 犬躡僕後, 目睹其狀, 號叫悲酸, 以頭觸柱而死. (『廣信府志』)

鶴拔鷟毛

桓山之鳥，生四子焉。
羽翼既成，將分於四
海。其母悲鳴而送之，
以其往而不返也。

孔子家語

새끼를 위한 학의 희생[鶴拔氅毛]

수隋 대업大業 2년, 새로운 여복輿服과 의위儀衛, 의장를 만들기 위해 주현州縣에 깃털을 보내라고 명했다. 백성들이 새를 잡으려 하니 거의 씨도 남은 것이 없게 되었다. 오정烏程에 높이가 백 자가 넘는 큰 나무가 있었는데, 그 위에 학의 둥지가 있었다. 백성들이 둥지를 취하려 해도 실패하자, 나무 뿌리를 자르려고 했다. 그러자 학이 새끼를 죽일까 두려워 스스로 깃털을 뽑아 땅에 던졌다.

(『통감通鑑』에 실려 있다.)

隋大業二年, 新作輿服儀衛, 課州縣送羽毛. 民求捕之, 殆無遺類. 烏程有高樹逾百尺, 上有鶴巢. 民欲取之不可, 乃伐其根. 鶴恐殺其子, 自拔氅毛投地. (『通鑑』)

獵者愛德華嘗銃殺亞基鳥一羽方欲俯拾忽見亞基鳥二羽飛落海灘竟將死鳥銜去愛德等感之終身罷獵

職与論

悲鳴送子

어미 새의 전송 [悲鳴送子]

환산桓山의 새가 네 마리 새끼를 낳았다. 날개가 이미 다 자라자, 새끼들은 장차 세상으로 흩어져 가려 하였다. 어미 새가 슬피 울며 새끼들을 전송했으니, 새끼들이 가면 돌아오지 않을 것을 슬퍼해서였다.

(『공자가어孔子家語』에 실려 있다.)

桓山之鳥, 生四子焉. 羽翼旣成, 將分於四海. 其母悲鳴而送之, 以其往而不返也. (『孔子家語』)

宋張孟仁妻鄭氏其弟張
孟羲妻徐氏共室而居妯
娌無間寸縷不入私室其
乳猫為人竊去犬哺其兒
太宗聞之旨表其門曰二
難．

宋史

救命

죽은 새를 데려간 새들[救命]

사냥꾼 애덕화愛德華가 총으로 아기조亞基鳥 한 마리를 쏘아 죽였다. 몸을 구부려 주우려는 순간, 갑자기 아기조 두 마리가 해변 모래사장에 내려앉아 죽은 새를 물고 떠났다. 애덕화가 이에 감동하여 평생 사냥을 그만두었다고 한다.

(『직분론職分論』에 실려 있다.)

獵者愛德華, 嘗銃殺亞基鳥一羽. 方欲俯拾, 忽見有亞基鳥二羽飛落海灘, 竟將死鳥銜去. 愛德華感之, 終身罷獵. (『職分論』)

呈貢縣村民畜一犬甚馴其妻
採薪幼女隨之不及俄大雪薄
暮負薪歸女與犬俱不見明晨
邀村人尋之見女臥大樹下犬
偎倚其旁得不死此雍正十一
年十一月事

滇南雜志

犬哺貓子

두 가지 희귀한 일 [犬哺猫子]

송宋나라 장맹인張孟仁의 아내 정씨鄭氏와 그의 동생 장맹의張孟義의 아내 서씨徐氏가 한집에서 살았다. 동서 간에 격의 없이 지냈고 털끝만큼도 사사로운 것을 집에 들이지 않았다. 어미 고양이를 누군가 훔쳐 가자, 개가 고양이 새끼에게 젖을 먹였다. 태종太宗이 이 소식을 듣고 그 집에 정표旌表를 내려 '이난二難'이라 하였다.

(『송사宋史』에 실려 있다.)

宋張孟仁妻鄭氏、其弟張孟義妻徐氏, 共室而居, 姒娣無間, 寸縷不入私室. 其乳猫爲人竊去, 犬哺其兒. 太宗聞之, 旨表其門曰 "二難". (『宋史』)

姑蘇閶門外一民負官租出避家，獨一貓。催租者持去與人。牽餘民過其地，貓忽躍入其懷，但仍為人奪去。至夜民臥舟中，聞篷間有聲，視之貓也，口銜一綾帨，內有金五兩。餘人謂之義貓。

涉趣小品選

犬護幼女

눈 속에서 지킨 생명 [犬護幼女]

 정공현呈貢縣 마을 주민이 개 한 마리를 길렀는데, 매우 순하고 잘 길들여져 있었다. 그의 아내가 땔나무를 하러 가자 어린 딸이 따라갔지만, 따라잡지 못했다. 얼마 후 큰 눈이 내렸고, 해질 무렵 아내가 땔나무를 지고 돌아와 보니 딸과 개가 모두 보이지 않았다. 이튿날 새벽, 마을 사람들을 불러 찾아나서니 딸이 큰 나무 아래에 누워 있는 것을 발견했다. 개가 딸아이 옆에 몸을 바짝 붙이고 있어 딸아이가 죽지 않을 수 있었다. 이 일은 옹정雍正 11년 11월에 일어난 일이다.

(『전남잡지滇南雜志』에 실려 있다.)

 呈貢縣村民畜一犬, 甚馴. 其妻採薪, 幼女隨之不及. 俄大雪, 薄暮負薪歸, 女與犬俱不見. 明晨邀村人尋之, 見女臥大樹下. 犬偎依其旁, 得不死. 此雍正十一年十一月事. (『滇南雜志』)

唐劉禹錫詩序云亥人白樂天去年嚴
吳郡契双鶴雛以遺予相遇於揚子津
閱玩終日翔舞調戲一符相書信筝亭
尤物也今幸春樂天爲秘書監不以鶴
隨置之洛陽第一旦子入門問訊其家
人鶴軒然來睨如舊相識徘徊俯仰似
舍情顧慕填膺而不能言者因作鶴歎
以贈樂天．

唐詩金粉選

義貓認主

고양이의 보답[義猫認主]

고소姑蘇 제문齊門 밖에 한 백성이 관세官稅를 내지 못하여 다른 곳으로 피해 있었다. 그 집에는 고양이 한 마리만 남아 있었는데, 세금을 독촉하던 관리가 그 고양이를 데려가 다른 사람에게 주었다. 한 해가 지난 어느 날, 그 백성이 그곳을 지나가다가 고양이가 갑자기 그의 품안으로 뛰어들었다. 그러나 고양이는 다시 다른 사람에게 빼앗기고 말았다. 밤이 되어 백성이 배 안에 누워 있을 때, 갈대 사이에서 소리가 나는 것을 들었다. 가서 보니 그 고양이였고, 고양이는 입에 비단 수건을 물고 있었는데, 그 안에는 금 5냥 남짓이 들어 있었다. 사람들은 의로운 고양이라고 일렀다.

(『용당소품湧幢小品』에 실려 있다.)

姑蘇齊門外, 一民負官租, 出避. 家獨一猫, 催租者持去, 與人. 年餘, 民過其地, 猫忽躍入其懷, 但仍爲人奪去. 至夜, 民臥舟中, 聞蓬間有聲. 視之, 猫也, 口銜一綾帨, 內有金五兩餘. 人謂之義猫. (『湧幢小品』)

梁溪俞正齋家畜一百舌鳥語言清朝常懸戶首有遠官訪俞捐金強買為鳥在籠中哀鳴不已至北關官船中遂死咎嘆欤開籠玩之忽飄然高飛隔日遇俞家鳥之忠且智如此

酌泉錄

鶴識舊人

변함없는 학의 인연[鶴識舊人]

당唐나라 유우석劉禹錫의 시서詩序에서 다음과 같이 말했다. 내 친구 백낙천白樂天이 지난해 오군吳郡에서 임기를 마치고 두 마리의 학 새끼를 데리고 돌아왔다. 나는 그가 돌아오는 길에 양자진揚子津에서 그를 만나 하루 종일 학을 구경하며 즐겼다. 학들이 너울너울 춤추는 모습과 태도가 편지에서 말한 것과 꼭 들어맞았으니, 진실로 화정華亭의 뛰어난 존재였다. 올해 봄, 백낙천이 비서감秘書監이 되었는데, 학을 데려갈 수 없어 낙양의 집에다 그대로 두었다. 어느 날 내가 그 집에 들러 집안 사람들에게 안부를 묻자, 학이 당당하게 다가와 나를 바라보는 것이 마치 예전부터 서로 알던 사이인 듯했다. 학은 내 주위를 맴돌며 위아래로 쳐다보는 것이 마치 가슴 속에 가득한 정을 품고 있으나 말로 표현하지 못하는 것 같았다. 돌아와서 나는 「학탄鶴歎」이란 시를 지어 백낙천에게 보냈다.

(『당시금분唐詩金粉』에 실려 있다.)

唐劉禹錫詩序云:"友人白樂天, 去年罷吳郡, 挈雙鶴雛以歸. 予相遇於揚子津, 閱玩終日. 翔舞調態, 一符相書, 信華亭梁溪俞正齋家畜一百舌鳥語言清朗常懸戶首有遠官訪俞捐金強買焉鳥在籠中哀鳴不已至北關官船中遂死笁嗟歎開籠玩之忽飄然高飛隔日還俞家鳥之忠且智如此

鶴識舊人

尤物也. 今年春, 樂天爲秘書監, 不以鶴隨, 置之洛陽第. 一旦, 予入門問訊其家人, 鶴軒然來睨, 如舊相識. 徘徊俯仰, 似含情顧慕塡膺, 而不能言者. 回作「鶴歎」, 以贈樂天."(『唐詩金粉』)

陸機有駿犬名黃耳甚愛之嘗寓京師久無家問笑語犬曰汝能齎書取消息否犬搖尾作聲機乃為書以竹筒盛之而繫其頸犬尋路南走遂至其家得報還洛其後因以為常

晉書陸機傳

百舌訴死

영리한 새의 귀가술 [百舌詐死]

양계梁溪의 유정재俞正齋 집에서 앵무새 한 마리를 길렀는데, 그 소리가 맑고 고와서 항상 문 위에 새장을 걸어 두었다. 어느 날 먼 곳에서 온 한 관원이 유정재를 찾아와 돈을 주고 억지로 그 새를 사갔다. 앵무새는 새장 속에서 슬피 울기를 멈추지 않았고, 북관北關으로 가는 관선官船에 이르러서는 갑자기 죽은 듯 보였다. 모두가 탄식하며 새장을 열어 살펴보던 중, 앵무새가 갑자기 훌쩍 날아올라 하루 만에 유정재의 집으로 돌아왔다. 새가 이처럼 충성스럽고 지혜로웠던 것이다.

(『작천록酌泉錄』에 실려 있다.)

梁溪俞正齋家, 畜一百舌鳥, 語言清朗, 常懸戶首. 有遠官訪俞, 捐金強買焉. 鳥在籠中哀鳴不已, 至北關官船中, 遽死. 皆嗟歎, 開籠玩之, 忽飄然高飛, 隔日歸俞家. 鳥之忠且智如此. (『酌泉錄』)

犬寄書

才女竇采養一白鶴字素こ一日小斎坐雨念其夫于役久乏音問謂鶴曰昔西王母青鸞郭紹蘭紫燕皆能寄書達遠汝獨不能乎鶴延頸向采若受命狀采卽援筆直書二絶句繫其足竟致其夫尋卽束裝歸矣

内觀日疏

개의 편지 배달 [犬寄書]

육기陸機에게는 빠른 개가 한 마리 있었는데, 이름은 황이黃耳라 하며 매우 아꼈다. 낙양洛陽에 머무르는 동안 오랫동안 집에서 보내온 편지가 없자, 그는 웃으며 개에게 말했다.

"네가 편지를 가지고 가서 소식을 가져올 수 있겠는가?"

개는 꼬리를 흔들며 짖었다. 육기는 이에 편지를 써서 대나무 통에 담아 개의 목에 달아주었다. 개는 길을 찾아 남쪽으로 달려 마침내 집에 도착했고, 답장을 받아 낙양으로 돌아왔다. 그 뒤로 이 일은 일상적인 일이 되었다.

(『진서晉書·육기전陸機傳』에 실려 있다.)

陸機有駿犬, 名"黃耳", 甚愛之. 羈寓京師, 久無家問, 笑語犬曰:"汝能齎書取消息否?"犬搖尾作聲. 機乃爲書, 以竹筒盛之, 而繫其頸. 犬尋路南走, 遂至其家, 得報還洛. 其後因以爲常. (『晋書·陸機傳』)

唐曲江張九齡少養群鴿，
每與親書繫鴿足依所教
處飛往投之無一差舛因
目為飛奴．

開元遺事選

白鶴等詩

학의 편지 배달 [白鶴寄詩]

재주 있는 여자인 조채晁采가 흰 학 한 마리를 기르고 있었는데, 자字를 소소素素라 하였다. 어느 비 오는 날, 작은 서재에 앉아 있던 중 남편이 공무로 먼 곳에 나가 오랫동안 소식이 없자, 학에게 말했다.

"옛날 서왕모西王母가 기르던 청란靑鸞과 곽소란郭紹蘭이 기르던 자연紫燕은 모두 편지를 먼 곳까지 전할 수 있었는데, 너만 홀로 그런 일을 할 수 없겠는가?"

학이 목을 빼고 조채를 바라보니, 마치 명령을 받은 듯한 모습이었다. 조채가 곧 붓을 잡아 곧바로 두 수의 절구를 써서 학의 발에 매어 주었더니, 학이 마침내 그 남편에게 가서 전해 주었다. 오래지 않아 남편은 곧장 행장을 꾸려 돌아왔다.

(『내관일소內觀日疏』에 실려 있다.)

才女晁采, 養一白鶴, 字"素素". 一日, 小齋坐雨, 念其夫于役, 久乏音問. 謂鶴曰:"昔西王母靑鸞、郭紹蘭紫燕, 皆能寄書達遠, 汝獨不能乎?" 鶴延頸向采, 若受命狀. 采卽援筆直書二絶句繫其足, 竟致其夫, 尋卽束裝歸矣. (『內觀日疏』)

蘇武在匈奴,漢使謂單于言天子射上林中,得武書,繫帛雁足,單于視左右而驚,謝漢使.

史記題

傳書鴿

비둘기의 편지 배달[傳書鴿]

당唐나라 곡강曲江에 사는 장구령張九齡은 어려서부터 비둘기들을 길렀다. 매번 친지들과 편지를 주고받을 때 비둘기의 발에 묶어 주면, 비둘기는 지시받은 곳으로 날아가 편지를 전했는데, 한 번도 실수한 적이 없었다. 이에 사람들은 그 비둘기를 '날아다니는 종[飛奴]'이라 불렀다.

(『개원유사開元遺事』에 실려 있다.)

唐曲江張九齡, 少養群鴿. 每與親書, 繫鴿足, 依所教處, 飛往投之, 無一差舛. 因目爲"飛奴". (『開元遺事』)

裴耀卿勤於王政在晉案
牘畫決獄訟嘗養一雀每
夜至初更時有聲至五更
則鳴急耀卿呼爲知更雀

開元遺事

雁足繫書

기러기가 전한 비밀 서신[雁足帛書]

소무蘇武가 흉노匈奴에 있을 때, 한漢나라 사신이 선우單于에게 말했다.

"천자께서 상림원上林苑에서 활을 쏘아 기러기를 맞추어서 소무의 편지를 얻었는데, 그 편지는 기러기 발에 묶인 비단에 쓰여 있었습니다."

선우는 좌우에 있는 사람들을 돌아보며 놀라워하더니 한나라 사신에게 사과했다.

(『사기史記』에 실려 있다.)

蘇武在匈奴, 漢使謂單于言: "天子射上林中, 得武書, 繫帛雁足." 單于視左右而驚, 謝漢使. (『史記』)

阮孝緒母疾合葯須服生
人參舊傳此艸出於鍾山
孝緒躬歷幽險忽見一鹿
前行隨至一阧就視果得
此草母服之遂愈

吳書屬士傳

知更雀

자연의 시계[知更雀]

배요경裴耀卿은 임금의 정사에 부지런하여 밤에는 관청의 문서를 읽고, 낮에는 옥송獄訟을 결단했다. 일찍이 참새 한 마리를 길렀는데, 밤마다 초경初更이 되면 가끔 우는 소리가 들렸고, 오경五更이 되면 울음소리가 급박해졌다. 배요경은 이 참새를 일러 '시간을 아는 새[知更雀]'라 하였다.

(『개원유사開元遺事』에 실려 있다.)

裴耀卿勤於王政, 夜看案牘, 晝決獄訟. 嘗養一雀, 每夜至初更時有聲, 至五更則鳴急. 耀卿呼爲知更雀. (『開元遺事』)

會稽鍾山有人姓蔡不
知名隱山中養鼠數千
頭呼來即來呼去即去

南史隱逸傳

鹿示人參

효자를 인도한 사슴 [鹿示人參]

완효서阮孝緒의 어머니가 병에 걸려 약을 조제해야 했는데, 반드시 생인삼生人參을 복용해야 했다. 옛말에 이 인삼은 종산鍾山에서 난다고 하여, 완효서는 직접 외지고 험한 곳을 두루 다녔다. 그러다 갑자기 사슴 한 마리가 앞으로 가는 것을 보고, 그 사슴을 따라 한 곳에 이르러 가 보니 과연 인삼을 얻을 수 있었다. 어머니가 인삼을 복용하자 병이 나았다.

(『양서梁書·처사전處士傳』에 실려 있다.)

阮孝緒母疾, 合藥須服生人參. 舊傳此草出於鍾山, 孝緒躬歷幽險, 忽見一鹿前行, 隨至一所, 就視果得此草. 母服之, 遂愈. (『梁書·處士傳』)

漢顏烏事親至孝父亡負土成墳群烏銜土助之其吻皆傷邑以縣名

吳苑題

群鼠應聲

쥐 떼를 부리는 은자 [群鼠應聲]

회계會稽 종산鍾山에 어떤 사람이 살았는데, 성은 채蔡씨였으나 이름은 알려지지 않았다. 그는 산속에 숨어 지내며 수천 마리의 쥐를 길렀는데, 쥐들을 부르면 곧바로 오고, 가라고 하면 곧바로 갔다.

(『남사南史・은일전隱逸傳』에 실려 있다.)

會稽鍾山有人姓蔡, 不知名. 隱山中, 養鼠數千頭, 呼來即來, 呼去即去. (『南史・隱逸傳』)

馬樞所居之處常有
白燕一雙巢其庭樹,
馴狎欄廡時集几案,
春去秋來幾三十年.

陳書馬樞傳

群鳥助華

흙을 물어온 까마귀들 [群鳥助葬]

한안오漢顔烏는 어버이를 섬기는 데 매우 효성스러웠다. 아버지가 돌아가시자, 그는 흙을 등에 지고 무덤을 만들었다. 까마귀들이 흙을 물어와 돕느라, 그들의 부리가 모두 상처를 입었다. 이에 그 고을 이름을 이 일에서 따왔다.

(『이원異苑』에 실려 있다.)

漢顔烏, 事親至孝. 父亡, 負土成墳. 群烏銜土助之, 其吻皆傷. 因以縣名.(『異苑』)

秦符堅為慕容沖所襲馳馬墮澗中追兵幾及堅計無由出馬邳跼躅臨澗垂鞚與堅上不敢及馬又跪而授焉堅攬之得登岸而走廬江

燕集几案

삼십 년을 날아온 제비[燕集几案]

마추馬樞가 사는 곳에는 항상 흰 제비 한 쌍이 있었는데, 뜰의 나무에 둥지를 틀었다. 이 제비들은 난간과 행랑에서 길들여져 친근하게 지내며 사람들과 친근했고, 때때로 탁자 위에 앉곤 했다. 봄이면 떠나고 가을이면 돌아오기를 거의 삼십 년 동안 반복했다.

(『진서陳書·마추전馬樞傳』에 실려 있다.)

馬樞所居之處, 常有白燕一雙, 巢其庭樹. 馴狎欄廡, 時集几案. 春去秋來, 幾三十年. (『陳書·馬樞傳』)

孫堅討董卓失利被創墮
馬臥草中軍眾分散不知
堅所在堅所乘馬馳還營
踏地呼鳴將士隨馬行於
草中得堅

吳志孫堅傳

馬救主一

위기에서 보여준 말의 지혜[馬救主(一)]

진秦나라 부견苻堅이 모용충慕容沖에게 습격당해 말을 타고 달리다가 계곡에 빠졌다. 추격하는 병사들이 거의 따라잡을 지경이 되었지만, 부견은 빠져나갈 계책을 생각해내지 못했다. 그런데 말이 머뭇거리며 계곡을 내려다보더니 고삐를 늘어뜨려 부견에게 건네주었다. 부견이 고삐에 닿지 못하자, 말은 다시 꿇어앉아 고삐를 더 내려주었다. 부견이 고삐를 잡고 언덕으로 올라가 노강廬江으로 달아났다.

(『이원異苑』에 실려 있다.)

秦苻堅, 爲慕容沖所襲, 馳馬墮澗中, 追兵幾及矣. 堅計無由出, 馬即跼躅臨澗, 垂韁與堅. 堅不能及, 馬又跪而授焉. 堅援之, 得登岸, 而走廬江. (『異苑』)

京師火坑燒煤注二薰人中毒多至死者儀徵陳定先冬夜借其妻寢舍中煤毒暈家人不知也家畜一犬忽咆哮萬狀向主人窗外爬沙窓紙盡碎家人起啟門入則陳與妻並死急救乃蘇

茶餘客話

馬救主
二

말이 주인을 구하다 [馬救主(二)]

손견孫堅이 동탁董卓을 토벌하다가 패하여 부상을 입고 말에서 떨어져 풀 속에 누워 있었다. 군사들이 뿔뿔이 흩어져 그를 찾았으나, 손견이 있는 곳을 알지 못했다. 손견이 타던 말이 달려서 병영으로 돌아와 땅에 쓰러져 소리 내어 울었다. 장수將帥와 병졸兵卒들이 말을 따라가 풀 속에서 손견을 발견했다.

(『오지吳志·손견전孫堅傳』에 실려 있다.)

孫堅討董卓失利, 被創墮馬, 臥草中. 軍衆分散, 不知堅所在. 堅所乘馬馳還營, 踣地呼鳴. 將士隨馬行, 於草中得堅.
(『吳志·孫堅傳』)

犬救燕雛

郁七家有燕將雛巢久而
毀鄰燕啣泥去來如梭頃
刻巢復成明日遂育雛巢
中乃知倉皇急難時群燕
來助力者

聖師錄

사람을 구해낸 충직한 개[犬救煤暈]

경사京師에서는 온돌에서 석탄을 태웠는데, 자주 연기에 노출되어서 중독되어 죽음에 이르는 사람이 많았다. 의징儀徵, 江蘇省 揚州의 서쪽에 있는 현에 사는 진정선陳定先이 겨울밤에 아내와 함께 잠을 자다가 연탄 가스에 중독되었지만, 집안 사람들은 이를 알지 못했다. 집에서 기르던 개 한 마리가 갑자기 격렬하게 짖어대며 주인이 있는 창문 밖에서 발톱으로 긁어대 창호지를 모두 찢었다. 집안 사람들이 깨어나 문을 부수고 들어가 보니, 진씨와 아내가 함께 죽어가고 있었다. 다급히 구해내자 곧 소생했다.

(『다여객화茶餘客話』에 실려 있다.)

京師火坑燒煤, 往往薰人中毒, 多至死者. 儀徵陳定先冬夜偕其妻寢, 皆中煤毒暈, 家人不知也. 家畜一犬, 忽咆哮萬狀, 向主人窓外爬沙, 窓紙盡碎. 家人起, 毁門入, 則陳與妻並死, 急救乃蘇. (『茶餘客話』)

燕助营巢

黄祝黟縣人慶元間爲鄱陽主簿被盜入室竊衣分置兩囊署有畫眉籠馴黠解人語是夜家人熟睡畫眉忽跳躑籠中悲鳴不輟聞者以爲遭猫搏噬起視之盜驚走遺其囊得不失

警心錄

제비들의 협력 [燕助營巢]

욱칠郁七의 집에는 곧 부화할 제비 알이 있었는데, 둥지가 오래되어 무너져 내렸다. 이웃에 있던 제비들이 진흙을 물어 왔다 갔다 하기를 베틀의 북처럼 분주히 오가더니, 순식간에 둥지가 다시 지어졌다. 그 이튿날, 어미 제비가 둥지 안에서 새끼들을 기르고 있는 것을 보니, 위급한 상황에서 여러 제비들이 와서 도와준 것이었다.

(『성사록聖師錄』에 실려 있다.)

郁七家, 有燕將雛, 巢久而毁. 鄰燕啣泥, 去來如梭, 頃刻巢復成. 明日, 遂育雛巢中. 乃知倉皇急難時, 群燕來助力者.
(『聖師錄』)

上元中華陰縣有象入莊
家中庭臥其足下有槎人
爲出之象乃伏令人騎入
深山以鼻掊土得象牙數
十以報之
朝野僉載

畫眉驚盜

도둑을 쫓아낸 새 [畵眉警盜]

황축^{黃祝}은 과현^{黟縣} 사람으로, 경원^{慶元} 연간에 파양^{鄱陽}의 주부^{主簿}가 되었다. 어느 날 도둑이 방안으로 들어와 옷을 훔쳐 두 개의 주머니에 나누어 담았다. 관아에는 화미새 한 마리가 있었는데, 꽤 길들여져 영리하여 사람의 말을 이해했다. 그날 밤, 집안 사람들이 깊이 잠들었을 때, 화미새가 갑자기 새장 속에서 푸드득거리며 비명을 그치지 않았다. 그 소리를 들은 사람은 고양이가 덮쳐 물어뜯는 줄 알고 일어나 보았다. 도둑들이 이를 경계하고 달아나며 주머니를 버리고 가서 물건을 잃지 않게 되었다.

(『경심록^{警心錄}』에 실려 있다.)

黃祝, 黟縣人, 慶元間爲鄱陽主簿. 被盜入室, 竊衣分置兩囊. 署有畫眉, 頗馴黠, 解人語. 是夜家人熟睡, 畫眉忽跳躑籠中, 悲鳴不輟. 聞者以爲遭猫搏噬, 起視之. 盜警走, 遺其囊, 得不失. (『警心錄』)

江州有婦人採拾於野，忽為鳶攫而踞之，婦向天大呼，鳶舉其掌，婦視其中有刺，因為拔之，鳶乃捨婦而去。

江南徐載 [印]

象感出橜

가시를 뽑아준 은혜 [象感出樝]

　상원上元 연간에 화음현華陰縣에 코끼리 한 마리가 농가의 뜰에 들어와 누워 있었다. 그 발바닥에 나무 가시가 박혀 있었는데, 사람이 가시를 뽑아 주었다. 코끼리는 이에 엎드려 사람을 등에 태우고 깊은 산속으로 들어갔다. 코로 흙을 파헤치며 상아 수십 개를 찾아내어 그 사람에게 보답했다.

　(『조야첨재朝野僉載』에 실려 있다.)

　上元中, 華陰縣有象, 入莊家中庭臥. 其足下有樝, 人爲出之. 象乃伏, 令人騎入深山. 以鼻掊土, 得象牙數十以報之.
(『朝野僉載』)

晉郭文晦跡潛修遇虎張口至前文手探虎喉中得骨去之自是虎常馴擾左右文出山虎必隨爲叱書策置其背上虎負而行.

談蒼

虎感拔刺

부인을 놓아준 호랑이 [虎感拔刺]

강주江州에 한 부인이 있었는데, 들에서 나물을 캐다가 갑자기 호랑이에게 잡혀 호랑이가 그 위에 웅크리고 앉았다. 부인은 하늘을 향해 크게 부르짖었다. 호랑이가 발을 들어 보이자, 부인은 그곳에 가시가 박혀 있는 것을 보고 가시를 빼 주었다. 호랑이는 부인을 놓아주고 떠났다.

(『강남여재江南餘載』에 실려 있다.)

江州有婦人, 採拾於野, 忽爲虎攫而踞之. 婦向天大呼. 虎擧其掌, 婦視其中有刺, 因爲拔之, 虎乃捨婦而去. (『江南餘載』)

張元性謙謹有孝行陌有狗子
爲人所棄元見即收養之叔父
怒曰何用此爲元曰有生之類
莫不重其性命狗爲人棄若見
而不收無人心也末幾狗母銜
一兔置元前而去

北周書孝義傳

虎感去鯁

호랑이와 맺은 우정[虎感去鯁]

　진晉나라 곽문郭文은 자취를 감추고 은밀히 수양하고 있었다. 어느 날 호랑이가 입을 벌리고 그 앞에 다가오자, 곽문은 손으로 호랑이의 목구멍을 더듬어 생선뼈를 찾아내어 제거해 주었다. 그 후로 호랑이는 항상 곽문의 곁을 지키며 순순히 따랐다. 곽문이 산으로 나갈 때면 호랑이는 반드시 따라왔고, 책을 호랑이 등에 올려 놓으면 호랑이가 그것을 지고 다녔다.

　(『담회談薈』에 실려 있다.)

　晉郭文, 晦跡潛修. 遇虎張口至前, 文手探虎喉中, 得骨, 去之. 自是虎常馴擾左右. 文出山, 虎必隨焉. 以書策置其背上, 虎負而行. (『談薈』)

姑蘇閶門外某商婦通欠客錢，客告官禁追，婦無措閉戶自縊。自早至晚不出，鄰家怪之排戶入見婦繩斷仆地，又見大鼠無數群聚叫噪，爲急救得蘇。蓋其家素不畜貓，又常以米穀供鼠食也。

紀閱 [印]

犬母遺兔

토끼를 물어온 개 [犬母遺兎]

장원張元은 성품이 겸손하고 효행孝行이 있었다. 길가에 강아지가 있었는데 어떤 사람이 버린 것이었다. 장원이 강아지를 보자 곧바로 거두어 길러 주었다. 숙부가 노하여 말하였다.

"어찌하여 이런 짓을 하는가?"

장원이 말하였다.

"생명이 있는 모든 존재는 그 목숨을 소중히 여기지 않는 것이 없습니다. 개가 사람에게 버려졌는데 만약 그것을 보고도 거두지 않는다면 그것은 인간의 마음이 없는 것입니다."

얼마 안 되어 어미 개가 죽은 토끼 한 마리를 물고 와서 장원의 앞에 놓고 갔다.

(『북주서北周書·효의전孝義傳』에 나온다.)

張元, 性謙謹, 有孝行. 陌有狗子, 爲人所棄. 元見, 即收養之. 叔父怒曰:"何用此爲?"元曰:"有生之類, 莫不重其性命. 狗爲人棄, 若見而不收, 無人心也." 未幾, 狗母銜一死兎, 置元前而去. (『北周書·孝義傳』)

鼠救縊婦

噲參事母至孝,有玄鶴為
弋人所射,窘而歸,參乃收
養治療,瘡愈放之,後鶴夜
到門外,參秉燭視之,雌雄
雙至,各銜明珠以報參焉。

述異記

목숨을 구해준 쥐들[鼠救縊婦]

고소姑蘇의 창문 밖에 어떤 상인의 아내가 사람의 돈을 빌렸다가 갚지 못했다. 그 사람이 관청에 고발하자, 그녀는 감금당하여 추궁을 받게 되었다. 아내는 어쩔 줄 몰라 문을 닫고 목을 매달았다. 아침부터 저녁까지 나오지 않자, 이웃 사람들이 이상하게 여겨 문을 열고 들어가 보니, 그녀의 목을 맨 줄이 끊어져 그녀가 땅에 쓰러져 있었다. 또 무수한 큰 쥐들이 모여 시끄럽게 우는 것을 보았다. 급히 그녀를 구해 소생시켰다. 알고 보니 그 집에서는 평소 고양이를 기르지 않았을 뿐만 아니라, 늘 쌀을 쥐들의 먹이로 주고 있었다.

(『기문紀聞』에 실려 있다.)

姑蘇閶門外, 某商婦逋欠客錢. 客告官禁追. 婦無措, 閉戶自縊. 自早至晚不出. 鄰家怪之, 排戶入, 見婦繩斷仆地. 又見大鼠無數, 群聚叫噪焉. 急救得蘇. 蓋其家素不畜猫, 又常以米穀供鼠食也. (『紀聞』)

饶州商人过鄱阳湖见網户得一大魚
重百餘斤漁人索銀一兩商人姑數買
之投河中越月商人挟貲歸復過鄱陽
盜登其舟移至蘆葦中將殺而刼其貲
忽一大魚躍入艙中濺刺格盜二人不
骸傷俄而巡捕船至執盜魚即躍入江
中此康熙三十六年七月事

小豆棚

雙鶴啣珠

학이 물어온 구슬 [雙鶴啣珠]

쾌삼噲參은 어머니를 섬기는 데 지극히 효성스러웠다. 어느 날 검은 학이 사냥꾼의 화살에 맞아 다쳐서 궁지에 몰려 쾌삼을 찾아왔다. 쾌삼은 학을 거두어 길러 치료해 주었고, 상처가 나은 후 놓아 주었다. 이후 어느 날 밤, 학이 문밖에 와서 머물자 쾌삼이 촛불을 들고 살펴보니, 암컷과 수컷 두 마리가 함께 와 있었다. 두 마리 학은 각각 아름다운 구슬을 물고 와서 쾌삼에게 보답했다.

(『술이기述異記』에 실려 있다.)

噲參, 事母至孝. 有玄鶴爲弋人所射, 窮而歸參. 參收養治療, 瘡愈放之. 後鶴夜到門外, 參秉燭視之, 雌雄雙至. 各銜明珠, 以報參焉. (『述異記』)

昔隋侯因使入齊路行深水沙
邊見一小蛇於熱沙中宛轉頭
上血出隋侯愍之下馬以鞭撥
入水中一夕夢見山兒持珠曰
昔蒙救護生全今答息請勿却
追旦見一珠在床頭

搜神記

放魚得報

도둑을 막은 큰 물고기 [放魚得報]

　요주饒州의 한 상인이 파양호鄱陽湖를 지나다가 어부가 큰 물고기 한 마리를 잡은 것을 보았다. 그 물고기는 무게가 백여 근이나 나갔다. 어부가 은전 한 냥을 요구하자, 상인은 그 돈을 그대로 주고 물고기를 사서 강에 놓아 주었다. 한 달 후, 상인이 재물을 가지고 돌아가던 중 밤에 파양호를 지나게 되었다. 도둑들이 배에 올라타 배를 갈대밭으로 끌고 가서 상인을 죽이고 재물을 빼앗으려 했다. 갑자기 큰 물고기 한 마리가 뛰어올라 선창으로 들어와 팔딱거리며 도둑을 막아, 도둑의 칼이 상인에게 상처를 입히지 못하게 했다. 얼마 지나지 않아 순찰선이 도착해 도둑을 잡았고, 물고기는 강으로 뛰어들어 사라졌다. 이 일은 강희康熙 36년 7월에 일어났다.

(『소두붕小豆棚』에 실려 있다.)

　饒州商人, 過鄱陽湖, 見網戶得一大魚, 重百餘斤. 漁人索銀一兩, 商人如數買之, 投河中. 越月, 商人挾貲歸, 夜過鄱陽. 盜登其舟, 移至蘆葦中, 將殺而劫其貨. 忽一大魚躍入艙中, 潑刺格盜, 盜刃不能傷. 俄而巡捕船至, 執盜, 魚即躍入江中. 此康熙三十六年七月事. (『小豆棚』)

隋時酒工王及㑃見酒及水中
溺蠅輒取出用乾灰掩之俟其
活放焉如此數年偶被誣告罪
當死典刑官執筆書判有數蠅
集筆端不能書逐去復来官疑
有寃白於朝得釋

覗報錄

下馬救蛇

구슬을 선물로 준 뱀 [下馬救蛇]

옛날 수후(隋侯, 수 지방의 군주)가 사명을 받들어 제(齊)나라로 가던 중, 깊은 물가의 모래밭을 지나게 되었다. 그곳에서 작은 뱀 한 마리가 뜨거운 모래 위에서 몸을 뒤틀며 고통스러워 하는 것을 보았는데, 머리에서 피가 흘러나오고 있었다. 수후는 이를 불쌍히 여겨 말에서 내려 말채찍으로 뱀을 밀어 물속에 넣어 주었다. 어느 날 밤, 꿈속에서 산속의 소년이 구슬 하나를 들고 나타나 말했다.

"예전에 당신의 도움으로 목숨을 구했으니, 이제 은혜를 갚고자 합니다. 거절하지 마십시오."

새벽에 이르러, 구슬 하나가 침상 머리맡에 놓여 있었다.

(『수신기搜神記』에 실려 있다.)

昔隋侯因使入齊. 路行深水沙邊, 見一小蛇, 於熱沙中宛轉, 頭上血出. 隋侯愍之, 下馬以鞭撥入水中. 一夕, 夢見山兒持珠曰: "昔蒙救護生全, 今答恩, 請勿却." 迨旦, 見一珠在床頭. (『搜神記』)

羔食於其母，必跪而受之，類知禮者。

春秋繁露

蠅集筆端

은혜를 갚은 파리[蠅集筆端]

수隋나라 때 술 만드는 기술자 왕오王五는 술이나 물에 빠진 파리를 보면 항상 건져내어 마른 재로 덮어 살려준 뒤 놓아 주곤 했다. 이같은 일을 몇 년 동안이나 계속했다. 우연히 무고를 당해 사형을 당할 위기에 처했다. 형벌을 담당하는 관리가 판결문을 쓰려고 붓을 들자, 여러 마리 파리가 붓 끝에 모여 글씨를 쓰지 못하게 했다. 파리를 쫓아내도 다시 돌아왔다. 관원들은 원통한 일이 있다고 의심하여 조정에 보고했고, 왕오는 석방되었다.

(『현보록現報錄』에 실려 있다.)

隋時酒工王五, 每見酒及水中溺蠅, 輒取出, 用乾灰掩之, 俟其活, 放焉, 如此數年. 偶被誣告, 罪當死. 典刑官執筆書判, 有數蠅集筆端, 不能書, 逐去復來. 官疑有冤, 白於朝, 得釋. (『現報錄』)

王固清虛寡欲及丁母憂
遂終身蔬食宦則坐禪畫
則誦經嘗聘於西魏因宴
饗必際請停殺一羊二於
固前跪拜.
陳壽老友傳

羔跪受乳

예의를 알고 있는 새끼 양[羔跪受乳]

새끼 양이 어미의 젖을 먹을 때는 반드시 무릎을 꿇고 젖을 받아 먹었으니, 마치 예의를 알고 있는 듯했다.

(『춘추번로春秋繁露』에 실려 있다.)

羔食於其母, 必跪而受之, 類知禮者.(『春秋繁露』)

胡惟庸畜胡孫十數衣冠
船人客至則令供茶汁酒
鼓琴跪揖讓吹竹笛聲尤
佳人稱之為孫慧郎.

己癉編

羊咸殞命

절하는 양 [羊感救命]

왕고王固는 맑고 담백해 욕심이 적었다. 어머니의 상을 당한 후 평생 채식만 하며 살았다. 밤에는 좌선을 하고 낮에는 불경을 외웠다. 어느 날 서위西魏를 방문했을 때, 잔치 자리에서 양 한 마리를 죽이지 말아 달라고 요청했다. 그러자 양이 왕고 앞에 무릎을 꿇고 절을 했다.

(『진서陳書·효우전孝友傳』에 실려 있다.)

王固淸虛寡欲. 及丁母憂, 遂終身蔬食. 夜則坐禪, 晝則誦經. 嘗聘於西魏, 因宴饗之際, 請停殺一羊. 羊於固前跪拜.
(『陳書·孝友傳』)

河間王琛有妓朝雲,善歌又有綠鸚鵡善語朝雲每歌鸚鵡和之聲若出一號為綠朝雲

侯靖錄選

재주 많은 원숭이 신사 [孫慧郎]

호유용胡惟庸은 원숭이 수십 마리를 길렀는데, 사람처럼 의관을 갖춰 입히고 손님이 오면 원숭이에게 차를 대접하고 술을 돌리게 했다. 원숭이들은 무릎을 꿇고 절을 하며 읍양揖讓의 예를 행할 줄 알았고, 대나무 피리를 불면 소리가 매우 아름다웠다. 사람들은 이 원숭이를 '손혜랑孫慧郎'이라 불렀다.

(『이학편已瘧編』에 실려 있다.)

胡惟庸畜胡孫十數, 衣冠如人, 客至, 則令供茶行酒. 能拜跪揖讓, 吹竹笛聲尤佳. 人稱之爲孫慧郞. (『已瘧編』)

鸚鵡和歌

商人負衣裹及錢囊出門犬隨行中途如厠將二裹置地上及行取衣裹而忘錢囊犬吠其後商人叱之又吠並嚙其衣商人怒拾石擊犬二負傷去商人入市買物方憶及錢囊急返見犬臥裹上周身流血急醫治得不死但跛一足

逸話

완벽한 화음을 이룬 듀엣[鸚鵡和歌]

하간왕河間王 침琛에게는 기녀 조운朝雲이 있었는데, 노래를 잘했다. 또한 초록빛 앵무새가 있었는데, 말을 잘했다. 조운이 노래를 부를 때마다 앵무새가 화답하니, 그 소리가 마치 한 사람에게서 나오는 것 같았다. 이에 사람들은 그 둘을 '초록빛 조운[綠朝雲]'이라 불렀다.

(『후청록侯鯖錄』에 실려 있다.)

河間王琛, 有妓朝雲, 善歌. 又有綠鸚鵡, 善語. 朝雲每歌, 鸚鵡和之, 聲若出一. 號爲綠朝雲. (『侯鯖錄』)

京師西直門有熊入城兵
部郎何孟春曰熊之爲兆
既當備盜亦當慎火未幾
城內多火災乾清宮亦燬
或問出何占書何曰此見
宋史紹興時事

冶壬餘閒選

犬忠于主

주인의 재산을 지킨 개 [犬忠于主]

한 장사치가 옷주머니와 돈주머니를 메고 문을 나서니, 개가 따라다녔다. 도중에 변소에 들렀다가 두 주머니를 땅에 내려놓았는데, 다시 떠날 때 옷주머니만 챙기고 돈주머니를 놓고 갔다. 개가 뒤에서 짖자, 장사치가 꾸짖었다. 그래도 개는 계속 짖으며 옷자락을 물고 늘어졌다. 장사치가 화가 나 돌을 들어 개를 쳤고, 개는 상처를 입고 물러났다. 장사치가 시장에 들어가 물건을 사려다가 문득 돈주머니를 떠올리고 급히 돌아왔다. 그런데 개가 주머니 위에 누워 있었는데, 개의 온몸에 피가 흥건했다. 서둘러 의원을 불러 치료해 죽지 않게 했지만, 결국 한쪽 발을 절게 되었다.

(일화逸話)

商人負衣囊及錢囊出門, 犬隨行. 中途如廁, 將二囊置地上, 及行, 取衣囊而忘錢囊. 犬吠其後, 商人叱之. 又吠, 並嚙其衣. 商人怒, 拾石擊犬, 犬負傷去. 商人入市買物, 方憶及錢囊, 急返, 見犬臥囊上, 周身流血. 急醫治, 得不死, 但跛一足.
(逸話)

博山西關李氏家畜一麂最馴見人則呦呦鳴其家門外岔山麂有時出至暮必還屬當秋祭例用麂官督獵者急無所獲乃向李氏求之李氏不與獵者固請李氏遲疑曰姑徐～其日麂去遂不歸

小豆棚

熊有先見

곰의 출현이 예고한 재앙 [熊有先見]

경사京師의 서직문西直門으로 곰이 성 안으로 들어왔다. 병부낭兵部郎 하맹춘何孟春이 말하였다.

"곰이 나타난 것은 불길한 징조입니다. 도둑을 대비해야 할 뿐만 아니라 불조심도 각별히 해야 합니다."

얼마 지나지 않아 성 안에 화재가 잇따랐고, 건청궁乾清宮마저 불에 탔다.

어떤 사람이 물었다.

"어떤 점치는 책에서 나온 말입니까?"

하맹춘이 대답하였다.

"이것은 『송사宋史』 소흥紹興 연간의 기록에 나오는 일입니다."

(『치세여문治世餘聞』에 실려 있다.)

京師西直門有熊入城. 兵部郎何孟春曰 : "熊之爲兆, 旣當備盜, 亦當愼火." 未幾, 城內多火災, 乾淸宮亦毁. 或問出何占書? 何曰 : "此見『宋史』紹興時事."(『治世餘聞』)

晉司馬休之為荊州宋公
遣使備之休之未覺乃乘
馬忽連鳴不食注目視鞍
休之試鞴之即不動鞴訖
還坐馬又驚跳遂騎馬驟
出門而使已至矣因先去
獲免

　清宮故事

鹿去不歸

위험을 감지한 사슴[鹿去不歸]

박산博山 서관西關에 사는 이씨 집에서 사슴 한 마리를 길렀는데, 매우 길이 잘 들어져 사람을 보면 소리 내어 울곤 했다. 그 집 대문 밖은 온통 산이었고, 사슴은 가끔 나갔다가 해질 녘엔 반드시 돌아왔다. 마침 가을 제사를 지내게 되었는데, 관례대로 사슴을 제물로 써야 했다. 관청에서 사냥꾼들을 재촉하며 사슴을 구해오라 했지만, 아무도 사슴을 잡지 못했다. 이에 이씨에게 사슴을 달라고 청했으나, 이씨는 주지 않았다. 사냥꾼이 굳이 요구하자, 이씨는 망설이며 말했다.

"천천히 잡아가시오."

그날 사슴은 나갔고, 결코 돌아오지 않았다.

(『소두붕小豆棚』에 실려 있다.)

博山西關李氏家, 畜一鹿最馴, 見人則呦呦鳴. 其家門外皆山, 鹿有時出, 至暮必歸. 屬當秋祭, 例用鹿. 官督獵者急, 無所獲, 乃向李氏求之, 李氏不與. 獵者固請, 李氏遲疑曰: "姑徐徐." 其日鹿去, 遂不歸. (『小豆棚』)

馬鳴菩薩講經馬必傾聽，人使馬餓七日然後于馬鳴菩薩講經之旁置馬秣。馬不食而聽講，畢始食秣。

大乘起信論斟經

馬促出走

주인의 목숨을 구한 말[馬促出走]

진晉나라 사마휴지司馬休之가 형주자사荊州刺史가 되었을 때, 송공宋公이 사자를 보내 그를 해치려고 했으나, 사마휴지는 이를 눈치채지 못했다. 그가 타던 말이 갑자기 계속 울며 먹지를 않고 안장을 주시하여 바라보았다. 사마휴지가 시험 삼아 활 쏠 때 쓰는 깍지를 끼우자, 말은 움직이지 않았다. 깍지를 다 끼고 다시 앉자, 말이 또 놀라 펄쩍 뛰었다. 드디어 말을 타고 빨리 달려 문밖으로 나가니, 사신이 이미 도착해 있었다. 먼저 떠났기 때문에 화를 면할 수 있었다.

(『저궁고사渚宮故事』에 실려 있다.)

晉司馬休之爲荊州, 宋公遣使圖之, 休之未覺. 所乘馬忽連鳴不食, 注目視鞍. 休之試韝之, 即不動. 韝訖, 還坐, 馬又驚跳. 遂騎馬, 驟出門, 而使已至矣, 因先去獲免. (『渚宮故事』)

章予瑜明經述云：清兵未
屠嘉定之先牛登城而鳴。
洪楊未臨嘉定之先牛登
城而行。大凡禍患之來物
必有先知者。

馬愛聽経

경문에 귀 기울인 말[馬愛聽經]

마명보살馬鳴菩薩이 불경을 강독하면 말이 반드시 경청하였다. 어떤 사람이 말을 이레 동안 굶긴 뒤, 마명보살이 불경을 강독하는 곳 옆에 말 먹이를 두었다. 말은 먹이를 먹지 않고 강독을 듣고 있다가, 강독이 끝나자 비로소 먹이를 먹었다.

(『대승기신론신석大乘起信論新釋』에 실려 있다.)

馬鳴菩薩講經, 馬必傾聽. 人使馬餓七日, 然後于馬鳴菩薩講經之旁置馬秣. 馬不食而聽講, 講畢始食秣. (『大乘起信論新釋』)

吳諸葛恪征淮南遍朝會
之夜精爽擾動通夕不寐
嚴畢趨出犬唧引其衣恪
曰犬不欲我行耶出仍入
坐少頃復起犬又唧衣恪
令逐者逐之及入果被孫
峻所殺

牛能示警

搜神記

소의 예지 능력[牛能示警]

장자유章子瑜의 『명경술明經述』에 이르기를, "청淸나라 군대가 가정嘉定을 학살하기 전에 소가 성에 올라가 울었고, 홍수전洪秀全과 양수청楊秀淸이 가정을 함락시키기 전에도 소가 성에 올라 다녔다"라고 했다. 대체로 재앙과 환란이 닥치기 전에는 동물 중에 반드시 먼저 이를 감지하는 것이 있다.

(『곡속기문觳觫紀聞』에 실려 있다.)

章子瑜明經述云:"淸兵未屠嘉定之先, 牛登城而鳴. 洪楊未陷嘉定之先, 牛登城而行." 大凡禍患之來, 物必有先知者. (『觳觫紀聞』)

宋儒畜一犬善盜鄰肉因付之狗屠犬逃歸佐乞憐狀儒與約勿盜肉盜則貸死犬卽弭耳馴伏投以骨一嗅卽去甘守糠糞

瀝憶小品選

犬勸避禍

충직한 개의 경고 [犬勤避禍]

오吳나라 제갈각諸葛恪이 회남淮南을 정벌하고 돌아와 조회朝會를 하던 밤, 마음이 어수선해 밤새 잠을 이루지 못했다. 의복을 갖추어 입고 공손히 걸어 나가는데, 개가 그의 옷을 물고 당겼다. 제갈각이 말했다.

"개가 나를 못 가게 하려는 것인가?"

그리고는 나갔다가 다시 들어왔다. 잠시 앉아 있다가 다시 일어나자, 개가 또 옷을 물고 늘어졌다. 제갈각은 종자에게 개를 쫓아내게 하고, 안으로 들어갔으나 결국 손준孫峻에게 죽임을 당했다.

(『수신기搜神記』에 실려 있다.)

吳諸葛恪征淮南歸, 朝會之夜, 精爽擾動, 通夕不寐. 嚴畢趨出, 犬啣引其衣. 恪曰: "犬不欲我行耶?" 出仍入. 坐少頃, 復起, 犬又啣衣. 恪令從者逐之, 及入, 果被孫峻所殺. (『搜神記』)

某西人有一犬聞人言鴨字則現驚異之狀一日客至主人偶談及此客不信乃故言及鴨字犬即現不安之狀再言之則趯立三言之則垂尾而出似有深恥者然蓋前日此犬曾傷一鴨而食之主人廣斥之因此不忘

蘆隱筆記

犬能改過

개과천선한 개 [犬能改過]

송宋나라 유생이 개 한 마리를 길렀는데, 이웃집 고기를 자주 훔쳐오는 버릇이 있었다. 이에 유생은 개를 개백정에게 넘기려 했다. 개가 도망쳐 돌아와 애처롭게 살려달라는 모습을 보였다. 유생이 개와 약속을 했다.

"고기를 다시는 훔치지 마라. 한번 더 훔친다면 살려두지 않겠다."

개는 곧바로 귀를 늘어뜨리고 순종하며 엎드렸다. 뼈를 던져주니 냄새만 맡고는 곧 자리를 떠났고, 겨와 보리 찌꺼기만으로도 만족해했다.

(『용당소품湧幢小品』에 실려 있다.)

宋儒畜一犬, 善盜鄰肉, 因付之狗屠. 犬逃歸, 作乞憐狀. 儒與約:"勿盜肉, 盜則貸死." 犬即弭耳馴伏. 投以骨, 一嗅即去, 甘守糠覈. (『湧幢小品』)

管仲隰朋從桓公伐孤竹，春往冬返迷惑失道管仲曰老馬之智可用也乃放老馬而隨之遂得道。

韓非子題

犬能知罪

잘못을 기억하는 개 [犬能知罪]

서양인 아무개에게 개 한 마리가 있었는데, 사람들이 "오리"라는 말을 하면 곧바로 놀라 이상한 모습을 보였다. 어느 날 손님이 찾아왔을 때, 주인이 우연히 이 이야기를 꺼냈다. 손님이 이 말을 믿지 않자, 주인은 일부러 오리라는 말을 했고, 개는 곧 불안한 모습을 보였다. 다시 말하자 개는 일어섰고, 세 번째 말하자 꼬리를 내리고 밖으로 나갔다. 마치 깊은 수치심을 느끼는 듯했다. 알고 보니 이 개는 예전에 오리 한 마리를 물어 죽여 먹었다가 주인에게 심하게 꾸지람을 들은 적이 있어서, 그 일을 잊지 못하고 있었던 것이다.

(『여은필기廬隱筆記』에 실려 있다.)

某西人有一犬, 聞人言"鴨"字, 則現驚異之狀. 一日, 客至, 主人偶談及此. 客不信, 乃故言及"鴨"字, 犬卽現不安之狀. 再言之, 則起立, 三言之, 則垂尾而出, 似有深恥者然. 盖前日此犬曾傷一鴨而食之, 主人厲斥之, 因此不忘. (『廬隱筆記』)

敦煌西渡流沙,注外國沙漠千餘里,無水時有伏流處,人不能知,駱駝知水脈,過其處輒不肯行,以足蹋地,人於其所踏處掘之,輒得水。

博物志

老馬識途

늙은 말의 지혜 [老馬識途]

관중管仲과 습붕隰朋이 환공桓公을 따라 고죽국孤竹國을 정벌하러 갔다. 봄에 출발해 겨울에 돌아오는 길에 길을 잃고 헤매게 되었다. 관중이 말했다.

"늙은 말의 지혜를 활용할 만하다."

이에 늙은 말을 풀어놓고 그 뒤를 따라가니, 마침내 길을 찾을 수 있었다.

(『한비자韓非子』에 실려 있다.)

管仲、隰朋從桓公伐孤竹, 春往冬返, 迷惑失道. 管仲曰:"老馬之智可用也." 乃放老馬而隨之, 遂得道. (『韓非子』)

永州澹山嶺巖有馴狐凡貴客至則鳴鄭志完將至狐鳴寺僧出迎志完怪之僧以狐鳴對志完作詩曰我入幽巖六偶然衫無消息與人傳馴狐戲學仙伽客一直長鳴報老禪

堅瓠集

駝知水脈

낙타의 지혜 [駝知水脈]

돈황燉煌에서 서쪽으로 유사流沙를 건너면 외국으로 이어진다. 사막이 천여 리나 펼쳐져 있는데 물이 없다. 때때로 지하에 물이 흐르는 곳이 있지만, 사람들은 그 지하 수맥이 어디서 흐르는지 알지 못했다. 그러나 낙타는 수맥水脈을 알아서 그곳을 지나가다가 걸음을 멈추고 발로 땅을 밟곤 했다. 사람들이 낙타가 밟은 곳을 파면 반드시 물을 얻을 수 있었다.

(『박물지博物志』에 실려 있다.)

燉煌西渡流沙往外國. 沙漠千餘里無水. 時有伏流處, 人不能知. 駱駝知水脈, 過其處輒不行, 以足踏地. 人於其所踏處掘之, 輒得水. (『博物志』)

衛濟川養六鶴曰叭粥飯啖之三年識字濟川檢書曾使鶴銜取之無差。

金城記

狐鳴迎客

바위 위의 영물[狐鳴迎客]

영주永州 담산역澹山嶺에는 바위에 길들여진 여우가 있었는데, 귀한 손님이 오면 울곤 했다. 정지완鄭志完이 그곳에 이르자 여우가 울었고, 절의 중이 그 울음소리를 듣고 나와 맞이했다. 정지완이 이를 괴이하게 여기자, 중은 여우가 울면 손님이 온다고 대답했다. 정지완이 지은 시는 다음과 같다.

我入幽巖亦偶然,	내가 깊은 바위산 들어온 건 우연이라
初無消息與人傳.	처음엔 아무에게 소식 전한 적 없었는데,
馴狐戲學仙伽客,	길든 여우 신선 같은 나그네 흉내 내어
一夜長鳴報老禪.	밤새도록 길게 울어 노승에게 알려주네.

(『견호집堅瓠集』에 실려 있다.)

永州澹山嶺, 巖有馴狐, 凡貴客至則鳴. 鄭志完將至, 狐鳴, 寺僧出迎. 志完怪之, 僧以狐鳴對. 志完作詩曰: "我入幽巖亦偶然, 初無消息與人傳. 馴狐戲學仙伽客, 一夜長鳴報老禪." (『堅瓠集』)

富商段姓養一鸚鵡，甚慧，能誦隴客詩及梵本心經。段養之於雕籠中，熙寧六年段忽繫獄，及歸問鸚鵡曰：我半年在獄極怨苦，汝在家餵飼以時否？鸚鵡曰：君半年在獄已不堪，鸚哥久閉籠中，豈不怨乎？段大感悟，即曰放之。

樂善錄

鶴能檢書

문자를 익힌 학 [鶴能檢書]

위제천衛濟川은 여섯 마리 학을 길렀다. 매일 죽과 밥을 먹이며 삼 년을 키우니, 학들이 글자를 알게 되었다. 위제천이 책을 찾을 때, 모두 학으로 하여금 물어오게 하니, 가져오는 것이 틀리지 않았다.

(『금성기金城記』에 실려 있다.)

衛濟川養六鶴. 日以粥飯啖之, 三年識字. 濟川檢書, 皆使鶴銜, 取之無差. (『金城記』)

嶺南有士人養白鸚鵡，每
晨必誦觀音佛號白衣呪
無斁誦歸去來辭赤壁賦
及李太白詩等．一日謂士
人曰我送西方來還送西
方去是夕奄然而化．

見聞錄

歸山

자유를 얻은 앵무새[歸山]

부자 장사치인 단段이라는 사람이 앵무새 한 마리를 길렀는데, 매우 영리하여 「농객시隴客詩」와 범어로 된 『심경心經』을 외울 줄 알았다. 단은 정교하게 조각된 새장 속에서 앵무새를 기르고 있었다. 희령熙寧 6년, 단이 갑자기 감옥에 갇히게 되었고, 풀려나 돌아와서 앵무새에게 물었다.

"내가 반 년 동안 옥에 있어서 매우 원통하고 괴로웠는데, 너는 집에서 제때에 먹이를 먹었니?"

앵무새가 대답했다.

"당신은 반 년 동안 옥에 있는 것도 견디기 힘들었을 텐데, 앵무새인 내가 오랫동안 새장에 갇혀 있었으니 원망스럽지 않겠습니까?"

단은 크게 깨달아 그날로 앵무새를 놓아주었다.

(『낙선록樂善錄』에 실려 있다.)

富商段姓養一鸚鵡, 甚慧, 能誦「隴客詩」及梵本 『心經』. 段篆養之於雕籠中. 熙寧六年, 段忽繫獄, 及歸, 問鸚鵡曰: "我半年在獄, 極怨苦, 汝在家餵飼以時否?" 鸚鵡曰: "君半年在獄, 已不堪. 鸚哥久閉籠中, 豈不怨乎?" 段大感悟, 即日放之. (『樂善錄』)

鸚鵡課誦

淨日寺沙門慧達養一鵝嘗隨聽經每聞講經則入堂伏聽泛說他事則鳴翔而出

西京記

서방정토로 간 앵무새 [鸚鵡課誦]

영남嶺南에 어떤 선비가 흰 앵무새를 길렀다. 앵무새는 매일 새벽이 되면 반드시 관음불의 명호와 「백의주白衣咒」를 외웠고, 「귀거래사歸去來辭」, 「적벽부赤壁賦」, 이백李白의 시 등도 외울 줄 알았다. 어느 날 앵무새가 선비에게 말했다.

"나는 서방에서 왔고, 서방으로 돌아갑니다."

그날 밤, 앵무새는 홀연히 세상을 떠났다.

(『견문록見聞錄』에 실려 있다.)

嶺南有士人, 養白鸚鵡, 每晨必誦觀音佛號、「白衣咒」, 兼能誦「歸去來辭」、「赤壁賦」, 及李太白詩等. 一日, 謂士人曰 : "我從西方來, 還從西方去" 是夕, 奄然而化. (『見聞錄』)

靖州觀音寺與副將某署相鄰，一日廚人將宰鵝，忽飛上寺殿鴟尾僧異之因乞施寺中，朝夕課誦鵝輒上殿諦聽曰食蔬飲水而已自順治中至今二十餘年尚在。

池北偶談

鵝聽講經

불법에 귀의한 영물 [鵝聽講經]

정인사淨因寺의 스님 혜원慧遠이 거위 한 마리를 길렀다. 거위는 항상 스님이 경을 외우는 소리를 따라다니며 들었다. 매번 불경을 강독하는 소리를 들으면, 거위는 법당으로 들어와 엎드려 경을 들었다. 그러나 다른 이야기를 하면 곧 날개를 치며 울면서 밖으로 날아갔다.

(『양경기兩京記』에 실려 있다.)

淨因寺沙門慧遠養一鵝, 嘗隨聽經. 每聞講經, 則入堂伏聽. 泛說他事, 則鳴翔而出. (『兩京記』)

杭州逕山釋法欽養雞不
食生類隨之若影不逰他
所及欽入長安哀鳴三日
而絕今雞冢在山

宋高僧傳

鵞聽課誦

불법에 귀의한 장수 거위 [鵝聽課誦]

정주靖州 관음사觀音寺는 부장副將인 아무개의 관청과 서로 이웃하고 있었다. 하루는 부엌에서 일하는 사람이 거위를 잡으려 하자, 거위가 갑자기 사찰寺刹의 치미鴟尾 위로 날아올랐다. 스님이 이를 이상하게 여겨, 거위를 절 안에 시주施主로 두기를 청했다. 매일 아침저녁으로 경전을 외울 때면, 거위는 반드시 법당에 올라와 주의 깊게 듣고는, 오직 채소만 먹고 물을 마실 뿐이었다. 순치順治 연간부터 지금까지 20여 년이 지났는데도, 거위는 아직도 살아 있다.

(『지북우담池北偶談』에 실려 있다.)

靖州觀音寺, 與副將某署相鄰. 一日, 廚人將宰鵝, 鵝忽飛上寺殿鴟尾. 僧異之, 因乞施寺中. 每朝夕課誦, 鵝輒上殿諦聽, 日食蔬飮水而已. 自順治中至今二十餘年, 尙在. (『池北偶談』)

唐天寶中當塗民劉戚鬻魚蟹,
天暮泊舟四顧無人忽聞舫中
有連呼阿彌陀佛者視之乃一
大魚振鬐搖首而呼其聲甚厲,
俄而萬魚俱跳躍呼佛聲動地,
大懼悉投江中.

宣室志

스님을 그리워한 닭 [雞不食生]

항주杭州 경산徑山의 스님 법흠法欽이 닭을 기르고 있었는데, 그 닭은 살아있는 생물을 먹지 않았고, 그림자처럼 스님을 따라다니며 다른 곳으로 떠나지 않았다. 법흠이 장안長安으로 떠나게 되자, 닭은 사흘 동안 슬피 울다가 죽고 말았다. 지금 그 닭의 무덤이 경산에 있다.

(『송고승전宋高僧傳』에 실려 있다.)

州徑山釋法欽, 養雞, 不食生類, 隨之若影, 不遊他所. 及欽入長安, 哀鳴三日而絕. 今雞冢在山. (『宋高僧傳』)

晋太康二年冬大寒，南洲人見二白鶴語於橋下曰今兹寒不減堯崩年也於是飛去。

아미타불을 외우는 물고기 [魚誦佛號]

당唐나라 천보天寶 연간에 당도當塗,지금 安徽省 馬鞍山의 백성 유성劉成이 물고기와 게를 팔아 생계를 이었다. 날이 저물어 배를 대어 놓았는데, 사방을 둘러보아도 사람이 없었다. 갑자기 배 안에서 잇달아 아미타불을 부르는 소리가 들렸다. 살펴보니, 바로 한 마리의 큰 물고기였다. 지느러미를 떨치고 머리를 흔들며 아미타불을 외우고 있었는데, 그 소리가 매우 크고 힘찼다. 잠시 뒤에는 수많은 물고기들이 함께 아미타불을 외우며 펄쩍펄쩍 뛰어올랐고, 그 소리가 땅을 흔들 듯했다. 유성은 크게 두려워하여 모든 물고기를 강물에 던져버렸다.

(『선보지宣寶志』에 실려 있다.)

唐天寶中, 當塗民劉成, 鬻魚蟹. 天暮泊舟, 四顧無人. 忽聞舫中有連呼阿彌陀佛者. 視之, 乃一大魚. 振鬣搖首而呼, 其聲甚厲. 俄而萬魚俱跳躍, 呼佛聲動地. 大懼, 悉投江中.
(『宣寶志』)

晋兖州刺史宋處宗得一
長鳴雞畜窗間雞作人
語與處宗談論終日處宗
玄學乃大進.

鶴語

태곳적을 기억하는 학의 증언[鶴語]

진晉나라 태강太康 2년 겨울에 큰 추위가 닥쳤다. 남주南洲 사람들이 다리 아래에서 두 마리 흰 학이 말하는 것을 보았다. 학이 말하였다. "지금 이 추위는 요임금이 돌아가신 해에 못지않다." 그러고는 날아갔다.

(『이원異苑』에 실려 있다.)

晉太康二年冬, 大寒. 南洲人見二白鶴語於橋下, 曰:"今茲寒不減堯崩年也." 於是飛去. (『異苑』)

遼太祖送兄鐸骨扎以本帳蛇鳴命知蛇語者速解之謂蛇言穴旁有金鐸骨扎掘之得金以為帶名為龍錫金.

長鳴雞

遼之

스승이 된 닭[長鳴雞]*

진晉나라 곤주자사兗州刺史 송처종宋處宗이 길게 우는 닭 한 마리를 새장에 넣어 창가에서 길렀다. 닭이 사람의 말을 할 줄 알아서 송처종과 하루 종일 담론하였다. 송처종의 현학玄學이 이로 인해 크게 진보하였다.

(『백첩白帖』에 실려 있다.)

晋兗州刺史宋處宗, 得一長鳴雞, 籠畜窓間. 雞作人語, 與處宗談論終日. 處宗玄學乃大進. (『白帖』)

---

* 이 이야기는 유의경(劉義慶)의 『유명록(幽明錄)』에도 나온다.

遼太祖逆兄鐸骨扎以本
帳蛇鳴命知蛇語者速解
之謂蛇言穴旁有金鐸骨
扎掘之得金以為帶名為
龍錫金

遼之醒

蛇鳴得金

뱀의 계시로 발견한 용석금[蛇鳴得金]*

요遼 태조의 종형인 탁골찰鐸骨扎이 천막 아래에서 뱀이 우는 소리를 들었다. 그는 뱀의 말을 이해하는 사람에게 명령하여 그 뜻을 빨리 해석하도록 하였다. 신속고神速姑가 말하였다.

"뱀이 말하기를 구멍 옆에 금이 있다고 합니다."

탁골찰이 구멍을 파서 금을 얻어, 띠를 만들고 그 이름을 '용석금龍錫金'이라 하였다.

(『요사遼史』에 실려 있다.)

遼太祖從兄鐸骨扎, 以本帳蛇鳴, 命知蛇語者速解之. 謂蛇言穴旁有金. 鐸骨扎掘之, 得金, 以爲帶, 名爲龍錫金. (『遼史』)

---

* 다른 책에는 뱀의 이름을 알아 듣는 사람의 이름이 신속고(神速姑)로 나와서 이렇게 번역하였다. 이 글은 『청장관전서』와 『오주연문장전산고(五洲衍文長箋散稿)』에도 수록되어 있다.

有旅人宿赴友人家借宿友人將殺雞款待旅人憐雞伴言茹素遂不殺雞夜宿忽聞雞鳴甚急以為黃鼠狼來也急趨之俄而墻倒正壓其妹主人出視以為客斃矣乃在雞籠旁鷄促其斃也

逸話

我喫素

닭이 구해준 목숨 [我喫素]

어떤 나그네가 밤에 친구 집에 가서 묵었는데, 친구가 닭을 잡아 정성껏 대접하려고 하였다. 나그네는 닭이 죽는 것을 불쌍히 여겨 자신이 채식을 한다고 거짓말을 했고, 결국 닭을 잡지 않았다. 밤에 자고 있는데 갑자기 닭의 우는 소리가 매우 다급하게 들렸다. 족제비가 왔다고 생각한 나그네는 급히 일어나 쫓아갔다. 잠시 후 담장이 무너져 바로 침대를 덮쳤다. 주인이 나와 보니, 그곳에 잠들었던 손님이 죽은 줄 알았다. 그런데 알고 보니 손님은 닭장 곁에 있어서, 닭이 그를 깨우려고 한 것이었다.

(일화逸話)

有旅人夜赴友人家借宿, 友人將殺雞款待. 旅人憐雞, 佯言茹素, 遂不殺雞. 夜宿, 忽聞雞鳴甚急, 以爲黃鼠狼來也, 急起逐之. 俄而墻倒, 正壓其牀. 主人出視, 以爲客斃矣, 乃在雞籠旁. 雞促其起也. (逸話)

南方老人年八十，日夜臥床上，床一足不平，拾磚填之，誤拾一龜。老人年百歲而死，其子拆床，龜徐步而去，負重二十年不飲食不死也。

諸子

龜搏牀足

20년을 버틴 거북 [龜塡牀足]*

남방南方의 한 노인이 나이 80살이었는데, 밤낮으로 침대에 누워 있었다. 침대의 한쪽 다리가 낮아 기울어지자 벽돌로 메우려고 했는데, 실수로 거북이 한 마리를 주워다 놓았다. 노인은 백 살까지 살다가 죽었다. 그의 아들이 침대를 해체해 보니, 거북이가 천천히 걸어 나갔다. 거북이는 20여 년 동안 무게를 짊어지고 있었지만, 먹거나 마시지 않아도 죽지 않았다.

(『제자諸子』에 실려 있다.)

南方老人年八十, 日夜臥床上. 床一足不平, 拾磚塡之, 誤拾一龜. 老人年百歲而死. 其子拆床, 龜徐步而去. 負重二十年, 不飮食, 不死也. (『諸子』)

---

* 『사기(史記)』 권128 「귀책열전(龜策列傳)」에 "남방의 노인이 거북으로 침대 다리를 받쳐두었는데, 그로부터 20년 뒤에 노인이 죽어서 침대를 옮기게 되었을 때, 거북은 그때까지도 죽지 않고 살아 있었다. 이는 거북이 숨을 제대로 토하고 삼키는 등 도인하는 양생법을 행할 수 있었기 때문이다.[南方老人用龜支牀足, 行二十餘歲, 老人死, 移牀, 龜尙生不死. 龜能行氣導引.]"라고 나와 있다.

日本國人多嗜食鰻然又甚畏之曰是有魚與骸爲業不敢自殺酒肆人代爲操刀爲署有醉客三四人在遍酒肆中人皆已睡逆門外問曰有鰻也無邪畜之鰻縱於水中同聲答曰無肆主大驚天明盡縱其所畜之鰻卽日改業。

右台仙館筆記

縱鰻

뱀장어의 신비로운 음성 [縱鰻]

일본 사람들은 뱀장어를 먹는 것을 매우 즐기지만, 동시에 뱀장어를 크게 두려워한다. 그들은 말하였다.

"이것은 괴이한 물고기로서 재앙을 일으킬 수 있다." 스스로 뱀장어를 죽이지 못하고 술집 주인이 칼자루를 대신 잡곤 하였다. 어느 날 술에 취한 손님 서너 사람이 밤중에 술집을 지나게 되었는데, 술집에 있는 사람들은 모두 잠들어 있었다. 그들이 문밖에서 물었다.

"뱀장어가 있소 없소?"

그러자 키우고 있던 뱀장어가 물속에서 똑같은 목소리로 대답하였다.

"없소!"

술집 주인은 크게 놀라, 날이 밝자 키우고 있던 뱀장어를 모두 놓아주고는 그날로 직업을 바꾸었다.

(『우태선관필기右台仙館筆記』에 실려 있다.)

日本國人多嗜食鰻, 然又甚畏之, 曰, "是有魚異, 能爲祟." 不敢自殺, 酒肆人代爲操刀焉. 嘗有醉客三、四人夜過酒肆, 肆中人皆已睡. 從門外問曰 : "有鰻也無?" 所畜之鰻於日本國人多嗜食鰻然又甚畏之曰是有魚異骸爲業不敢自殺酒肆人代爲操刀爲菁有醉客三四人在遍酒肆中人皆已睡逆門外問曰有鰻也典肆畜之鰻於水中同聲吿曰典肆主大驚天明盡縱其所畜之鰻即日改業

右台仙館筆記

縱鰻

水中同聲答曰: "無!" 肆主大驚, 天明, 盡縱其所畜之鰻, 即日改業. (『右台仙館筆記』)

廬陵婦人蘇易善收生夜忽爲虎所取行六七里至大壙置地見有牝虎難產將死易乃爲探出之虎負易還再三送野肉於門內

搜神記

虎知酬勞

호랑이의 출산을 돕다 [虎知酬勞]

여릉廬陵에 사는 부인 소역蘇易은 산파 일을 잘했다. 어느 날 밤, 갑자기 호랑이에게 물려 6~7리를 가다가 큰 구덩이에 이르러 땅에 내려주었다. 소역은 암컷 호랑이가 새끼를 낳기 어려워 기어 다니며 죽을 지경에 이른 것을 보았다. 소역은 호랑이의 배속에 손을 넣어 새끼를 꺼내 주었다. 호랑이는 소역을 업고 돌아왔고, 이후 두세 번이나 들짐승 고기를 문 안에 가져다 주었다.

(『수신기搜神記』에 실려 있다.)

廬陵婦人蘇易, 善收生. 夜忽爲虎所取, 行六、七里, 至大壙, 置地. 見有牝虎難産, 匍匐欲死. 易乃爲探出之. 虎負易還, 再三送野肉於門內. (『搜神記』)

閔少圃言羅某業屠一日將殺豕二佐人言曰我應於明日死何早也乃不殺次日又將殺之豕又言曰我應重至九十斤而死今止八十七斤何早也羅懼售其豕於人改業不淩屠

右台仙館筆記

猪拒早殺

운명을 아는 돼지 [猪拒早殺]

민소포閔少圃가 말하였다.

"나씨 성을 가진 어떤 사람이 도축을 직업으로 삼았다. 어느 날 돼지를 잡으려 하는데, 돼지가 사람의 말로 말하였다. '나는 내일이면 죽을 운명인데, 어찌 오늘 일찍 죽이려 하시오?' 이에 나씨는 돼지를 죽이지 않았다. 다음날 다시 돼지를 잡으려 하니, 돼지가 또 말하였다. '나는 몸무게가 90근이 되어야 죽을 운명인데, 지금은 87근에 그쳤으니, 어찌 일찍 죽이려 하시오?' 나씨는 두려워서 그 돼지를 다른 사람에게 팔고, 직업을 바꾸어 다시는 도축을 하지 않았다."

(『우태선관필기右台仙館筆記』에 실려 있다.)

閔少圃言:"羅某業屠. 一日將殺豕, 豕作人言曰:'我應於明日死, 何早也?' 乃不殺. 次日又將殺之, 豕又言曰:'我應重至九十斤而死, 今止八十七斤, 何早也?' 羅懼, 售其豕於人, 改業不復屠."(『右台仙館筆記』)

欧西某地有一犬，能代主人所寄信，送入路旁之邮筒。一日以数函令注投入，乃衔其一而返，取视之，则以未贴邮票故也。

庐隐笔记

犬能邮信

우편배달부 개 [犬寄郵信]

서유럽의 어느 곳에 개 한 마리가 있었는데, 주인이 보내는 편지를 길가의 우체통에 넣을 수 있었다. 어느 날, 주인이 몇 통의 편지를 개에게 주며 우체통에 넣으라고 하였다. 그런데 개가 그중 한 통을 물고 돌아왔다. 주인이 그것을 가져다 보니, 우표를 붙이지 않았기 때문이었다.

(『여은필기廬隱筆記』에 실려 있다.)

歐西某地有一犬, 能以主人所寄信, 送入路旁之郵筒. 一日, 以數函令往投入. 乃銜其一而返. 取視之, 則以未貼郵票故也. (『廬隱筆記』)

乾隆十年東鄉黃渡地方有芳姓家畜一雄雞忽作人言云大家要活命其家以為妖而殺之未幾以訟訴破家。

履園叢語

雞要活命

닭의 경고를 무시한 비극 [雞要活命]

　　건륭乾隆 10년, 동향東鄕 황도黃渡 지방에 노勞씨 성을 가진 집이 있었는데, 장닭 한 마리를 길렀다. 어느 날 갑자기 닭이 사람의 말로

　　"모두 목숨을 구해야 한다."

라고 말하였다. 그 집안에서는 이를 요물이라고 여겨 닭을 죽였더니, 얼마 지나지 않아 소송으로 집안이 망했다.

　　(『이원총화履園叢話』에 실려 있다.)

　　乾隆十年, 東鄕黃渡地方, 有勞姓家, 畜一雄雞. 忽作人言云 : "大家要活命." 其家以爲妖而殺之. 未幾, 以訟訴破家.

(『履園叢話』)

許元樂平士人也其父夢有烏衣客來語曰吾昨貸君錢三百今以奉還未及問其為何人何時所負而覺其家畜十餘鴨是日歸於數外見一黑色者遺一卵乃去及旦忽然歷一月凡誕三十卵遂不復至竟不知為誰氏者計其值恰三百錢

夷堅志

鴨卵償債

오리 알로 갚은 삼백 냥[鴨卵償債]

허원許元은 악평樂平의 선비였다. 그의 아버지 꿈에 검은 옷을 입은 나그네가 나타나 말하였다.

"내가 어제 그대에게 돈 삼백 냥을 빚졌는데, 이제 받들어 갚겠습니다."

아버지가 그가 누구이며 언제 빚을 졌는지 묻기도 전에 꿈에서 깨어났다. 그날 집의 오리들이 평소처럼 돌아왔는데, 원래 기르던 열 마리 외에 검은 오리 한 마리가 함께 따라왔다. 그 오리가 알 하나를 낳고는 떠났다. 이후 매일 같은 일이 반복되어 한 달이 지나자 모두 서른 개의 알을 낳았고, 그 후로는 다시 나타나지 않았다. 결국 그 오리가 누구를 대신해 빚을 갚은 것인지는 알 수 없었다. 그 알의 값을 계산해 보니, 정확히 삼백 냥이었다.

(『이견지夷堅志』에 실려 있다.)

許元, 樂平士人也. 其父夢有烏衣客來語曰 : "吾昨貸君錢三百, 今以奉還." 未及問其爲何人何時所負而覺. 其家畜十餘鴨, 是日歸. 於數外見一黑色者, 遺一卵乃去. 每日皆然, 歷一月, 凡誕三十卵, 遂不復至, 竟不知爲誰氏者. 計其値, 恰三百錢. (『夷堅志』)

勾吴孫方伯藩家畜一犬。聞弦歌聲輒搖尾至坐於彈者之側。二耳傾聽聲啞啞然似相應和。狀叱之不去。曲終自退。聞聲則又來。家人呼之為知音犬。

已癡編

知音犬

화음을 이해하는 개[知音犬]

구오勾吳의 손방백孫方伯 번藩은 집에서 개 한 마리를 길렀는데, 현악기와 노래 소리를 들으면 꼬리를 흔들며 다가왔다. 개는 연주자 옆에 앉아 귀를 기울여 경청하며, 아아啞啞 소리를 내어 마치 화음을 맞추는 듯했다. 꾸짖어도 떠나지 않고, 곡이 끝나야 비로소 물러났다가, 음악 소리를 들으면 또다시 찾아왔다. 집안 사람들은 그 개를 '지음견知音犬'이라 불렀다.

(『이학편已瘧編』에 실려 있다.)

勾吳孫方伯藩家, 畜一犬, 聞弦歌聲, 輒搖尾至. 坐于彈者之側, 側耳傾聽, 聲啞啞然, 似相應和狀. 叱之不去, 曲終自退, 聞聲則又來. 家人呼之爲知音犬. (『已瘧編』)

熊鼎為浙江按察事,寧海民陳德仲殺黎異,二妻屢訴不得直,鼎一日覽牒,有青蛙立案上,鼎曰蛙非黎異乎?可止勿動,蛙果不動,乃逮德仲鞫實,正其罪。

明史熊鼎傳

青蛙雪冤

청개구리의 영혼 [青蛙雪冤]

웅정熊鼎이 절강성浙江省의 안첨사按僉事가 되었다. 영해寧海 사람 진덕중陳德仲이 여이黎異를 죽였다. 여이의 아내가 여러 차례 호소를 했으나 승소하지 못했다. 어느 날 웅정이 공문서를 검토하는데, 청개구리 한 마리가 책상 위에 서 있었다. 웅정이 말하였다.

"이 청개구리가 죽은 여이가 아니겠는가? 만약 그렇다면 움직이지 말라."

개구리가 과연 움직이지 않았다. 웅정은 즉시 진덕중을 체포하여 사실 여부를 심문하고 그 죄를 바로잡았다.

(『명사明史·웅정전熊鼎傳』에 실려 있다.)

熊鼎爲浙江按僉事. 寧海民陳德仲殺黎異, 異妻屢訴不得直. 鼎一日覽牒, 有靑蛙立案上. 鼎曰: "蛙非黎異乎? 可止勿動." 蛙果不動. 乃逮德仲鞫實, 正其罪. (『明史·熊鼎傳』)

李沖元將破一魚,先夢一
皁衣嫗曰妾腰中有五千
子妾生五千子六生妾死
五千子亦死敢望哀憐特
貸一命元遂放之立意戒
殺後於水濱得珠。

慈心寶錄

放魚

자비로운 행동의 보답 [放魚]

이충원李沖元이 한 마리 물고기를 잡아 잘라 가르려고 하였다. 그런데 먼저 꿈을 꾸었는데, 검은 옷을 입은 노파가 나타나 말하였다.

"제 뱃속에는 오천 마리의 새끼가 있습니다. 제가 살면 오천 마리의 새끼도 살 것이고, 제가 죽으면 오천 마리의 새끼도 죽을 것입니다. 감히 가엾이 여겨 주시어, 특별히 한 목숨을 살려주시길 바랍니다."

이충원은 마침내 그 물고기를 놓아주고, 살생을 경계하기로 마음먹었다. 이후 그는 물가에서 구슬을 얻었다고 한다.

(『자심실록慈心實錄』에 실려 있다.)

李沖元將破一魚. 先夢一皁衣嫗曰:"妾腹中有五千子. 妾生, 五千子亦生, 妾死, 五千子亦死. 敢望哀憐, 特貸一命" 元遂放之, 立意戒殺. 後於水濱得珠. (『慈心實錄』)

雞卵乞命

宋東平董瑛之父以雞子掛於堂內梁上妹壻至虐妾請以供晨餐董夜夢二十三小兒自梁而下同詞乞命中一女跛足旦起見妾持又取卵掛物得二十三枚方憶昨夢乃舍之孵之一一成雞雌一雌病腳董自是不殺生

계란이 목숨을 빌다[雞卵乞命]

송宋나라 동평東平에 사는 동영董瑛의 아버지가 계란을 당堂 안 들보 위에 걸어 놓았다. 제부가 찾아오자, 주방에서 일하던 계집종이 아침 식사 반찬으로 내놓을 것을 청하였다. 그날 밤 동영이 꿈을 꾸니, 스물세 명의 작은 아이가 들보에서 내려와 한목소리로 목숨을 구걸하였다. 그중 한 명은 절름발이 여자아이였다. 아침에 일어나 보니, 계집종이 갈고리로 걸려 있던 것을 꺼내어 스물세 개를 얻었다. 동영은 어젯밤 꿈을 떠올리고는 그 계란들을 놓아주었다. 이후 그 계란들은 부화하여 하나하나 닭이 되었는데, 오직 한 마리 암탉만이 다리를 절었다. 동영은 이때부터 살생을 하지 않았다.

(『이견지夷堅志』에 실려 있다.)

宋東平董瑛之父, 以雞子掛於堂內梁上. 妹婿至, 庖妾請以供晨餐. 董夜夢二十三小兒自梁而下, 同詞乞命. 中一女跛足. 旦起, 見妾持叉取所掛物, 得二十三枚, 方憶昨夢, 乃舍之. 孵之, 一一成雞, 惟一雌病脚. 董自是不殺生. (『夷堅志』)

盲犬待哺

咸溪童鏞家畜二犬一白一花共出一母性狡獪解人意後白者忽目盲不能進牢而食主人以艸籍簷外卧之花者銜飯吐而飼之夜則卧其旁及白者死埋之山麓間犬乃朝夕注迷数匝若泣狀卧其旁必移時乃返

建寧志

개들의 형제애 [盲犬待哺]

함계현咸溪縣에 사는 동용童鏞은 집에서 두 마리 개를 길렀다. 한 마리는 흰 개였고, 다른 한 마리는 얼룩무늬 개였는데, 둘은 같은 어미에게서 태어났다. 두 개는 모두 영리하여 사람의 뜻을 잘 알아들었다. 그런데 어느 날 흰 개가 갑자기 눈이 멀어 개 집에 들어가 먹이를 먹을 수 없게 되었다. 주인은 풀을 깔아 처마 밑에 눕혀 두었고, 얼룩무늬 개는 밥을 물어다가 토해내어 흰 개에게 먹였다. 밤이 되면 얼룩무늬 개는 흰 개 곁에 누워 잤다. 흰 개가 죽자, 주인은 산기슭에 묻어 주었다. 얼룩무늬 개는 아침저녁으로 그곳을 찾아가 여러 차례 돌고 절하며 우는 듯했고, 무덤 곁에 누워 한참 있다가 돌아왔다.

(『건령지建寧志』에 실려 있다.)

咸溪童鏞, 家畜二犬. 一白一花, 共出一母, 性狡獪, 解人意. 後白者忽目盲, 不能進牢而食. 主人以草藉檐外臥之, 花者銜飯吐而飼之, 夜則臥其旁. 及白者死, 埋之山麓間. 犬乃朝夕往復數匝, 若拜泣狀, 臥其旁, 必移時乃返. (『建寧志』)

南皮張尚書之萬騎一紅馬甚神駿有軍人見而羨之遣人來買公不許固請遂牽而去次日送馬回詢其故曰甫乘遽被掀下連易數人皆掀墜以為劣馬故退還比公乘之馴良如故

庸閒齋筆記

馬戀故主

옛 주인을 그리워한 말[馬戀故主]

　　남피南皮의 장상서張尙書 지만之萬은 한 마리 붉은 말을 타고 다녔는데, 그 말은 매우 용맹하고 날렵했다. 어떤 군인이 그 말을 보고 마음에 들어 사람을 보내어 사고자 했지만, 장상서는 허락하지 않았다. 그러자 군인이 거듭 청하여 결국 말을 끌고 갔는데, 다음 날 그 말이 도로 돌아왔다. 이유를 묻자 군인이 말했다.

　　"사람이 막 올라타자마자 곧바로 떨어뜨렸습니다. 여러 사람을 바꿔가며 말을 타게 했지만 모두 말이 흔들어 사람을 떨어뜨렸습니다. 그래서 이 말이 아주 형편없는 말이라 생각해 돌려보냈습니다."

　　그러나 장상서가 말을 타니, 길들여진 듯 순종하는 것이 예전과 다름없었다.

　　(『용한재필기庸閑齋筆記』에 실려 있다.)

　　南皮張尙書之萬, 騎一紅馬, 甚神駿. 有軍人見而愛之, 遣人來買. 公不許. 固請, 遂牽而去. 次日, 送馬回. 詢其故, 曰:"甫乘遽被掀下, 連易數人, 皆掀墜. 以爲劣馬, 故退還." 比公乘之, 馴良如故. (『庸閑齋筆記』)

孟孫獵得麑使秦西巴
載之持歸其母隨之而
啼秦西巴弗忍而放之

母鹿隨啼

어미 사슴의 애절한 울음 [母鹿隨啼]

맹손孟孫이 사냥을 나가 사슴 새끼를 잡았는데, 진서파秦西巴에게 그 새끼를 싣고 가져오게 했다. 그런데 어미 사슴이 새끼를 따라오며 울부짖자, 진서파는 차마 그 모습을 견디지 못하고 새끼를 놓아주었다.

(『한비자韓非子』에 실려 있다.)

孟孫獵得麑, 使秦西巴載之持歸. 其母隨之而啼, 秦西巴弗忍而放之. (『韓非子』)

漢肅宗后於王莽末年生遭時
倉卒母章之南山下隆冬苦寒
再宿不死外家偶過聞啼聲憐
之因注就視有飛鳥舒翼覆兒
以為神靈摶還養之年十三乃
以歸末氏後為肅宗后
　　東觀記

烏覆桑嬰

까마귀가 구한 황후 [烏覆棄嬰]

후한 때 숙종肅宗의 후비 경은황후敬隱皇后는 왕망王莽의 말년에 태어났다. 갑작스러운 혼란을 만나 어머니가 아이를 남산 아래에 버렸다. 한겨울의 혹독한 추위 속에서 이틀 밤을 지냈으나 죽지 않았다. 외가 사람들이 우연히 지나가다 아이의 울음소리를 듣고 불쌍히 여겨, 곧바로 가서 살펴보았다. 어떤 새가 날개를 펼쳐 아이를 덮어주고 있었는데, 이를 신령스러운 징조로 여겨 데려다 길렀다. 아이가 열세 살이 되자 송씨宋氏에게 돌려주었고, 뒤에 숙종의 후비가 되었다.

(『동관기東觀記』에 실려 있다.)

漢肅宗後於王莽末年生, 遭時倉卒, 母棄之南山下. 隆冬苦寒, 再宿不死. 外家偶過, 聞啼聲, 憐之, 因往就視. 有飛鳥舒翼覆兒, 以爲神靈, 携歸養之. 年十三, 乃以歸宋氏, 後爲肅宗後. (『東觀記』)

蛛收緣

陳恂六偶坐簷下見大蜘蛛結網簷畔又一小蜘蛛連其旁結小網於石俄大網破大蜘盡收其絲於腹中將另結焉獨石邊一絲牽連小網若去則小網無所依必皆乃盤旋梁柱間遲疑良久竟不收而去。

거미의 배려[蜘蛛收絲]

진순육陳恂六이 우연히 처마 아래에 앉았다가 큰 거미가 처마 끝에 거미줄을 치고 있는 것을 보았다. 또 한 마리 작은 거미가 그 옆에 이어서 돌 위에 작은 그물을 치고 있었다. 잠시 뒤 큰 거미줄이 찢어지자, 큰 거미는 그 실을 모두 배 속으로 거두어들여 새로 그물을 치려고 했다. 그러나 돌 옆에 있는 한 가닥 실이 작은 거미줄과 연결되어 있어, 만약 그 실을 거두면 작은 거미줄이 의지할 곳이 없어 반드시 무너지게 될 터였다. 이에 큰 거미는 두 들보 사이를 빙빙 돌며 한참을 망설이다가, 결국 그 실을 거두지 않고 떠났다.

(『경심록警心錄』에 실려 있다.)

陳恂六, 偶坐簷下, 見大蜘蛛結網簷畔. 又一小蜘蛛連其旁, 結小網於石. 俄大網破, 大蜘盡收其絲於腹中, 將另結焉. 獨石邊一絲牽連小網, 若去, 則小網無所依, 必毀. 乃盤旋梁柱間, 遲疑良久, 竟不收而去. (『警心錄』)

團圓

天后時劉景陽使嶺南得秦吉了二隻能解人語至都進之留其雌者雄煩怨不食則天問曰何無聊也鳥曰吾配爲使者所得切思之乃呼景陽曰何故匿一鳥不進景陽叩頭謝罪乃進之

朝野僉載

짝을 그리워하는 앵무새[團圓]

천후天後 시대에 유경양劉景陽이 영남으로 사신을 갔다가 앵무새 두 마리를 얻었다. 그런데, 그 새들은 사람의 말을 이해할 수 있었다. 도성에 도착해 새를 진상했는데, 암컷만 궁에 남겨두자 수컷이 원망하며 먹이를 거부했다. 측천무후가 물었다.

"왜 그리 시무룩하냐?"

새가 대답했다.

"제 짝이 사신에게 잡혀 왔으니, 간절히 그리워하고 있습니다."

이에 측천무후가 유경양을 불러 말했다.

"어찌하여 새 한 마리를 숨기고 바치지 않았느냐?"

유경양이 머리를 조아리며 사죄하고, 그제서야 나머지 새를 바쳤다.

(『조야첨재朝野僉載』에 실려 있다.)

天後時, 劉景陽使嶺南, 得秦吉了二只, 能解人語. 至都, 進之. 留其雌者, 雄煩怨不食. 則天問曰: "何無聊也?" 鳥曰: "吾配爲使者所得, 切思之." 乃呼景陽曰: "何故匿一鳥不進?" 景陽叩頭謝罪, 乃進之. (『朝野僉載』)

黃犬送物

博羅何宇母死廬墓家無僕遂一黃犬間日輒詣墓所有所需即書片紙繫頸家人見之具備繫使負還無或爽者。

傴曝餘談

충직한 누렁이 전령 [黃犬送物]

박라하우博羅何宇는 어머니가 돌아가시자 묘소 옆에 여막을 짓고 살며 무덤을 지켰다. 집에는 시중들 하인이 없었고, 다만 누렁이 한 마리가 이틀에 한 번씩 묘소를 찾아왔다. 필요한 물건이 있으면 그는 쪽지에 적어 개의 목에 매달아 주었다. 집안사람들이 쪽지를 보고 필요한 물건들을 준비해 개의 목에 매어 짐을 지워 보내면, 개는 그것을 짊어지고 돌아왔는데 단 한 번도 실수한 적이 없었다.

(『언폭여담偃曝餘談』에 실려 있다.)

博羅何宇, 母死, 廬墓. 家無僕從, 一黃犬, 間日輒遊墓所, 有所需, 即書片紙繫頸. 家人見之, 具備, 繫使負還, 無或爽者. (『偃曝餘談』)

洪武中邑宰夫授徒數十里外途遇虎銜入林中釋而蹲之夫拜曰吾被食命也姑父母失養何禿即舍去後人名其地爲拜虎岡

明史孝義傳

虎釋孝子

효심에 감동한 호랑이 [虎釋孝子]

홍무洪武 연간에 포실부包實夫는 수십 리 떨어진 곳에서 학생들을 가르치러 가던 중 길에서 호랑이를 만났다. 호랑이가 포실부를 물고 숲속으로 들어간 뒤 놓아주고 쭈그려 앉았다. 포실부가 호랑이에게 절을 하며 말했다.

"내가 잡아먹힐 운명이라면 그것은 하늘의 뜻이겠지요. 하지만 내 부모님께서 자식의 봉양을 잃으면 어찌 하시겠소?"

호랑이는 이 말을 듣자마자 그를 풀어주고 떠났다. 후세 사람들은 이 일이 있었던 곳을 '배호강拜虎岡, 호랑이에게 절한 언덕'이라 불렀다.

(『명사明史·효의전孝義傳』에 실려 있다.)

洪武中, 包實夫授徒數十里外, 途遇虎, 銜入林中, 釋而蹲. 實夫拜曰:"吾被食, 命也. 如父母失養何?" 虎即舍去. 後人名其地爲拜虎岡. (『明史·孝義傳』)

江州德安陳昉家十三世
同居長幼七百口不畜僕
妾上下親睦人無間言每
日必群坐廣堂未成人者
別為一席有犬百餘共食
一槽一犬不至群犬不食

宋史孝義傳

一犬不至群犬不食

모두 모여야 밥을 먹는 개 [一犬不至, 群犬不食]

강주江州 덕안德安 지역에 사는 진방陳昉의 집안은 13대가 함께 살았다. 어른과 아이를 합쳐 칠백 명이나 되었으나, 하인이나 첩을 두지 않고 윗사람과 아랫사람이 서로 화목하게 지내 사람들 사이에 험담이 없었다. 매일 가족들은 반드시 넓은 대청에 모여 앉았는데, 성인이 되지 않은 이들은 따로 자리를 마련해 주었다. 집에는 개가 백여 마리나 있었는데, 모두 한 구유에서 함께 먹이를 먹었다. 한 마리라도 오지 않으면 다른 개들은 먹이를 먹지 않았다.

(『송사宋史·효의전孝義傳』에 실려 있다.)

江州德安陳昉, 家十三世同居. 長幼七百口, 不畜僕妾, 上下親睦, 人無間言. 每日必群坐廣堂, 未成人者, 別爲一席. 有犬百餘, 共食一槽. 一犬不至, 群犬不食. (『宋史·孝義傳』)

山陰陳爾誠於門前曾獲巨鱉，置水缸內其祖華宇暮自外過，窺見缸側一鱉意其為覓偶而來也並取置缸內則聚首卷戀，不相捨爾誠感歎遂放之瀆中，自此舉家戒食鱉。

鱉覓偶

애틋한 재회[鱉覺偶]

산음山陰에 사는 진이성陳爾誠이 자기 집 문 앞에서 그물로 큰 자라를 잡아 물 항아리 안에 가두어 두었다. 그의 할아버지 화우華宇가 해 질 무렵 외출에서 돌아오다 항아리 옆에 자라 한 마리가 있는 것을 엿보았다. 할아버지는 그 자라가 짝을 찾아 온 것이라 생각하고, 함께 잡아 항아리 안에 넣었다. 그러자 두 자라가 곧바로 머리를 맞대고 애틋한 모습으로 서로 떨어지려 하지 않았다. 진이성은 이 광경에 크게 감동하여 결국 두 마리 자라를 도랑에 놓아주었다. 이 일이 있은 후로 온 집안 식구들이 자라를 먹지 않기로 맹세했다.

(『경심록警心錄』에 실려 있다.)

山陰陳爾誠, 於門前罾獲巨鱉, 置水缸內. 其祖華宇, 暮自外歸. 窺見缸側一鱉, 意其爲覓偶而來也, 並取置缸內, 則聚首眷戀不相舍. 爾誠感歎, 遂放之瀆中. 自此擧家戒食鱉.

(『警心錄』)

學士周豫家嘗烹鱔見有
鞠身向上以首尾就烹者
訝而剖之腹中纍纍有子
物類之甘心忍痛而護惜
其子如此

傷心錄

首尾就烹

배 속 새끼를 보호한 장어 [首尾就烹]

학사學士 주예周豫가 집에서 장어를 삶고 있었다. 그런데 한 마리가 몸을 굽혀 위를 향해 머리와 꼬리가 삶겨진 것을 보았다. 이상하게 여겨 장어를 갈라 보니, 배 안에는 새끼들이 가득 들어 있었다. 모든 동물이 기꺼이 고통을 참으며 새끼를 보호하는 모습이 이와 같았다.

(『상심록傷心錄』에 실려 있다.)

學士周豫家, 嘗烹鱔. 見有鞠身向上, 以首尾就烹者. 訝而剖之, 腹中累累有子. 物類之甘心忍痛, 而護惜其子如此.
(『傷心錄』)